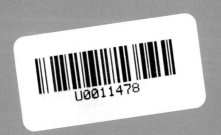

時報出版

二〇二〇庚子年

謝沅瑾

鼠年生肖運勢大解析

自序

我從一九七八年開始學習命理五術風水，無論古籍、通書或現今風水刊物，始終覺得博大精深，浩瀚無底，進而接觸日本、韓國……等各國命理五術刊物，更覺得深淺不一，各有所述。

一九九四年，我開始長期參與各大電視台採訪錄影，談風水命理，到二〇〇三年，受邀《台灣妙妙妙》專業風水節目錄影長達兩年，其間「風水命理界教父」之名不脛而走，用科學角度分析解釋，開創專業風水命理解析先例，深得好評，其收視率之高，首播加上重播長達十年之久。

自二〇〇四年「風水命理教科書系列」出版後，更造成出版界的一股風水命理旋風，第一本風水書銷售二十七萬冊以上的佳績，連續七年以上排行榜冠軍，更是締造命理類書籍的紀錄，出版業甚至有專文討論解析本書瘋狂銷售的原因，除了讓風水普及之外，更讓大家有正確的科學風水觀。一直以來，除了希望讓大家有正確的風水觀念，以免受騙之外，我更希望能夠讓「通書」、「農民曆」和「命理」融合，讓更多的人方便簡單好用。

常常遇到許多年長的媽媽們，一說到「農民曆」，大部分不是因為內容艱澀使她們「看不懂」，要不然就是密密麻麻的字讓她們「看不清楚」，再者，農民曆中往往充斥許多「不知所云」的內容。因此做一本精確、實用、容易閱讀的農民曆，不只是獻給我自己的爸爸、媽媽，更獻給普天之下有福份的每一位爸爸、媽媽。這本農民曆設計上方便使用、簡單易懂，讓讀者可以自己選擇吉日、吉時，並輕鬆找出每天的財位、貴人、旺方、喜門……等方位，並能避開每天的煞方，讓每個人都能輕鬆趨吉避凶，幫助大家事業有成，事半功倍。

本書更增加了生肖運勢大解析，為大家用生肖與農曆月份排出流年流月，提醒讀者留心自己與家人的運勢，可以提前消災解厄、招財納福。

期望能以此書，讓我的希望理想和座右銘能夠落實在每一位有福氣的朋友身上，那就是：

風水，
讓富人累積財富，
讓窮人改變命運！

謝沅瑾老師大事紀

西元	年齡	重要經歷
1970	6	• 開始學習國術
1978	14	• 開始學習命理五術
1982	18	• 以業餘身份開始從事命理工作 • 考上國術、太極拳合格教練
1990	26	• 白手起家配合專業知識創立連鎖事業
1993	29	• 正式執業，成立「謝沅瑾命理研究中心」
1994	30	• 開始長期接受台視、中視、華視、三立、東森……等九家台灣電視台以及平面媒體新聞採訪報導
1995	31	• 受邀長期參與台灣各有線無線電視台節目錄影
1996	32	• 受邀長期參加台灣三立電視台《穿梭陰陽界》、台灣GTV 27《神通鬼大》……等節目錄影
1997	33	• 受邀長期參加台灣中視電視台《社會秘密案》……等節目錄影
1998	34	• 受邀長期參加台灣超級電視台《星期天怕怕》、台灣八大《神出鬼沒》……等節目錄影
1999	35	• 受邀長期參加日本電視台電視錄影 • 受邀參加台灣東森電視台《鬼話連篇》……等節目錄影長達五年
2000	36	• 受邀長期參加台灣三立電視台《第三隻眼》……等節目錄影
2001	37	• 受邀長期參加台灣東森S電視台《社會追緝令》、台灣GTV 28《命運大作戰》……等節目錄影
2003	39	• 受邀參加台灣中天電視台《台灣妙妙妙》……等節目錄影長達兩年
2004	40	• 受邀參加上海電視台演講錄影 • 風水著作「謝沅瑾風水教科書系列」開始出版
2005	41	• 長期受邀於新加坡、馬來西亞……進行多次演說 • 受邀參加台灣緯來電視台《好運望望來》長達一年、《不可思議的世界》……等節目長期錄影

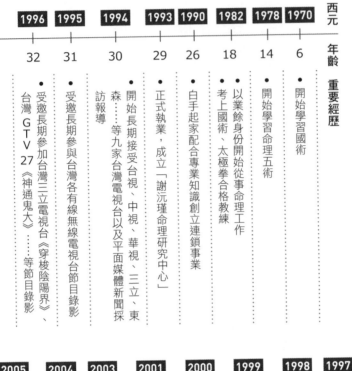

2006 42

- 「謝沅瑾風水教科書系列」第五本《好風水、好桃花》出版
- 「謝沅瑾民俗風水百寶箱系列」—《福》、《祿》、《壽》、《喜》出版

2007 43

- 受邀長期於《獨家報導》撰寫「謝沅瑾回憶錄」，成為第一位在雜誌連載回憶錄的風水命理老師
- 「謝沅瑾風水教科書系列」第六本《招財風水教科書》出版

2008 44

- 「謝沅瑾民俗風水教科書系列」—《謝沅瑾開運農民曆》出版。《一瞬間改變命運》出版

2009 45

- 「謝沅瑾民俗風水教科書系列」—《謝沅瑾老師教你改好運發大財》出版

2010 46

- 受邀長期參與海外澳亞衛視《順風順水》節目錄影
- 「謝沅瑾風水教科書系列」第七本《新居家風水教科書》出版
- 「謝沅瑾民俗風水教科書系列」《謝沅瑾老師教你改好運發大財2》出版

2011 47

- 「謝沅瑾民俗風水教科書系列」第八本《文昌風水教科書》出版
- 「謝沅瑾風水教科書系列」第九本《新居家風水教科書2》出版
- 創立「中國正統民俗風水教育協會」擔任第一屆全國總會理事長
- 當選「中華星相易理堪輿師協進會」第四屆全國總會理事長

2012 48

- 受邀長期參與緯來電視台《風水有關係》節目錄影

2013 49

- 謝沅瑾「行動風水教室」臉書粉絲團成立，開始分享謝沅瑾老師風水案例

2014 50

- 謝沅瑾老師粉絲頁「謝沅瑾命理/民俗文化研究中心」與「謝沅瑾老師行動風水教室」粉絲目前合計突破43萬人
- 出版《謝沅瑾羊年生肖運勢大解析》一書

2015 51

- 出版《觀相》一書，教讀者看相識人
- 出版《謝沅瑾猴年生肖運勢大解析》一書

2016 52

- 出版《謝沅瑾雞年生肖運勢大解析》一書
- 受邀長期參加緯來電視台《來自星星的事》節目錄影

2017 53

- 出版《謝沅瑾最專業的經典居家風水》一書
- 出版《謝沅瑾狗年生肖運勢大解析》一書

2018 54

- 出版《謝沅瑾最專業的財運居家風水》一書
- 出版《謝沅瑾豬年生肖運勢大解析》一書

2019 55

- 出版《謝沅瑾最專業的開運居家風水》一書
- 出版《謝沅瑾鼠年生肖運勢大解析》一書

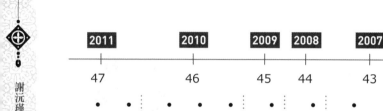

序文 于千祐 老師

- 中華堪星道派第十七代掌門宗師
- 中華易經十大名師（ＮＧＯ世界城市聯合頒獎）
- 中國正統民俗風水教育協會總會理事長
- 中華星相易理堪輿師協進會總會秘書長
- 謝沅瑾命理／民俗文化研究中心專任風水解說老師

謝老師不僅破除了一般人把「風水」與「迷信」畫上等號的錯誤認知，更讓這個傳統的知識用科學的理論論證，與時俱進。

自一九八三年起認識謝沅瑾老師，算一算時間已經三十多年了，很多人都很羨慕我，有什麼樣的因緣際會可以認識謝老師？我想也許一切都是緣分吧。一九八三年，當年我們都還是學生，那時，我想創立台灣協和工商夜間部手語社，在學校老師的指引下，認識了已經創立協和日間部手語社半年有餘的謝老師，在他的協助下，終於完成了我的夢想。接著我又加入謝老師在松山區青少年福利服務中心創立的手語社。這個手語社裡，有來自台北市各個有意願創立手語社的高中高職所派出的學生代表，大家一起在這裡學習手語及手語歌，學成之後回到學校去創立手語社，這些學生也就是第一批手語歌流行歌曲表演的種子。

除了和謝老師一起練習手語、手語歌之外，我也和許多人一起向謝老師學習「功夫」（國術），再把國術與手語結合，一起表演。但謝老師是個有豐富才藝的人，最讓我欣賞的並不只是上述的這兩項，而是「文筆」與「易經風水命理」。謝老師在學校裡可說是風雲人物，不論是攝影、文章、新詩等，都有他的作品。從此結下了這個不解之緣。

這麼多年來，我跟隨謝老師走遍世界各地，在眾多場合聽他解析各國不同的風水建築，除了感佩他的知識涵養深厚之外，更讓我感動的是謝老師對「易經風水民俗」永遠不變的熱忱。不論是在華人或非華人區，面對東方或西方人，只要你對風水有興趣，只要你願意提問，謝老師就會不厭其煩的為你詳細解說。他就像是一座大型的知識庫，能從「科學的角度」、「民俗的說法」、「風水的原理」、「依據和根源」全方位的分析老祖宗的智慧，不僅破除了一般人把「風水」與「迷信」畫上等號的錯誤認知，更讓這個傳統的知識用科學的理論論證，與時俱進。我想，這也就是為什麼謝老師能夠讓這麼多政商名流、科技新貴、藝人明星到一般大眾都能信服他、喜歡他的原因吧。

從一九九四年第一個電視新聞採訪開始，到二〇〇四年謝老師的第一本著作出版，二〇一〇年更在澳門「澳亞衛視」開創第一個兩岸四地看的見的「專業風水節目」「順風順水」，拜科技之賜，謝老師是「台灣風水教父」的聲名越來越遠播，走遍世界各地都有人能叫得出謝老師的名字，但無論老師多麼有名，他永遠都能保持赤子之心，永遠那麼謙遜與充滿熱誠，這也是我與老師的弟子們最感佩的地方。

無論您是老師的觀眾或者讀者，相信看過、聽過他對風水的分析，也能感受到老師對風水的解析真的不一樣，能夠理解他讓大家尊重的原因，他所寫的書，也完全毫不藏私的和大家分享，也希望讀者們都能從中認識到正確的風水知識，並且勇於改變，就像老師經常掛在嘴邊的一句話：「風水，讓富人累積財富，讓窮人改變命運」，讓我們一起踏出成功的第一步吧！

弟子序 胡瑋庭 老師

- 中華堪輿道派亞洲區行政負責人
- 中華堪輿道派宗師府大弟子（謝沅瑾老師入室大弟子）
- 謝沅瑾命理／民俗文化研究中心亞洲區行政負責人
- 中國正統民俗風水教育協會全國總會常務理事

自一九九五年認識謝老師開始，從一個拜託謝老師幫忙看自己家裡風水的人，轉變成一個跟著謝老師看人家家裡風水的人，每天和謝老師一起看風水、八字、姓名學已經十八年，然而謝老師給我的感覺，卻跟二十多年前剛認識時一樣，永遠是那麼熱心、真誠與負責。

在開始和謝老師學習時，謝老師已經是一個媒體寵兒，除了固定時間錄影的兩個節目以外，還隨時都會有媒體想要採訪或邀約錄影。

在每天排得滿滿的風水鑑定行程中，還要挪出時間參加各種錄影與訪問，固然考驗了一個助理的能耐，但更考驗了一個老師的品格和人格。

因為在這二十多年來，眼看著許多老師在電視媒體上進進出出、出現消失，或者自以為有名而張牙舞爪、得意洋洋，甚至在命理業務上獅子大開口的人大有人在，能夠像謝老師一樣，在媒體的包圍之下，依然維持一貫的誠實、謙虛、純樸、熱誠的老師，可說是少之又少。

特別是和謝老師在國際舞台上看著美國、日本、新加坡……等世界各國媒體邀約採訪時，一位真正國際級的大師，受到大家真心的尊重，仍然能夠保持平常心，對待所有的人，那種感覺，才是我真正感動的地方。

謝老師要求每一位弟子，一定要有人飢己飢，人溺己溺的精神，並常說道：「法律之前人人平等，相同的，在當老師的人面前也應該是一樣人人平等，絕對不可分貧富貴賤，任何人都有改變命運的權利！」所以和謝老師一起走過的這十八年間，無論是達官貴人，或是一般民眾，謝老師從不分貧富貴賤，都是一樣認真謙虛的對待。

謝老師常常犧牲用餐時間，餓著肚子，還認真的聽每一個人說著自己的問題，看在眼裡，感動湧現在心裡。

在這二十多年中，有好幾次遇到家中發生急難的人，不計一切代價，甚至直接捧著大把鈔票前來，只希望事情能越早處理好越好。這種情況要換做是其他老師，有的可能就照單全收，甚至還趁火打劫，想盡辦法敲竹槓的大有人在，但謝老師不但沒有如此，甚至見到當事人原本就家境困苦，更是伸出援手免費幫忙解決問題，這種善行義舉，對天天和謝老師一起東奔西跑，救苦救難的我們，更是如數家珍。

由於長期在謝老師身邊的關係，謝老師在風水命理姓名學上的專業與準確，對我而言已如同家常便飯，見怪不怪，然而眼看著一位命理老師，長期處在這樣的地位與聲望中，卻依然能保有當年的那股熱情與原則，對我們這種經歷無數，聽過成千上萬家庭的喜怒哀樂的人來說，謝老師的「一路走來始終如一」才是我最敬佩他之處。

弟子序　于子芸 老師

- 中華堪輿道派宗師府二弟子（謝沅瑾老師入室二弟子）
- 中華易經十大名師
- 中國正統民俗風水教育協會全國總會副理事長
- 謝沅瑾命理／民俗文化研究中心總部暨新加坡分部專任解說老師

自一九八四年與謝老師認識，從相信風水、瞭解風水，進而接觸姓名學，在這麼多年接觸學習的過程中，深知謝老師將所學到的知識，毫無保留的傳授給弟子們。

謝老師告誡弟子們：「要把有用的學問，幫助需要幫助的人，絕不能分貧、富、貴、賤。」更不能用自己所學的學問，去做坑、矇、拐、騙的事去害別人，因為我們所說的任何一句話，都有可能會影響到別人的一生，所以說話必須實在，不要誇大，要將別人的問題，用誠懇的心去處理事情、解決問題。

謝老師始終認為，人應該為自己說的話負責，而謝老師許多傳承自師尊的告誡，像是「稻子愈成熟，頭就要垂得愈低。」、「一個人有三分才華，就要有七分謙虛。」不管擁有多強的實力，身處多高的地位，處事低調、謙虛、誠懇，這些特質從謝老師身上便可看到，這也是老師給弟子們的座右銘，我們時時刻刻都謹記在心。

謝老師是一位無私奉獻、值得尊敬的老師，在教授風水上面，毫不藏私，毫無保留地用最簡單的詞彙，清楚明白的教弟子們和電視機前的每一位觀眾。在世界各國各地的演講中，總有無數的命理老師會到現場聽演講，當我們問老師為什麼還是毫無保留的傳授和回答時，謝老師很認真的跟我們講：「這有什麼關係嗎？正確的命理風水知識，如果可以讓每一個人或每一個老師，有更正確的觀念，去幫助更多需要幫助的人時，其實就是傳播善知識，不是一件很好的事嗎？」

這與許多別的老師藏私、嫉妒、自大的態度相比較，有如天壤之別，更加深了我們對謝老師的尊敬，難怪有這麼多人都稱謝老師為「風水命理界的教父」！

謝老師還常說，學問是學無止境，活到老，學到老。謝老師出書，是為了要讓更多的人瞭解風水、命理，進而無形中能幫助更多的人，誠如謝老師所言：「風水讓富人累積財富，讓窮人改變命運。」

我們非常感恩謝老師的教誨，不僅學習到很多專業方面的知識，也學習到許多待人處事的方法與態度，今後我們將秉持謝老師「幫助所有需要幫助的人」的理念，繼續將謝老師服務濟世的精神傳承下去，幫助更多需要幫助的人。

弟子序 李秉蓁 老師

• 中華堪輿道派德國分部負責人
• 中華堪輿道派宗師府五弟子（謝沅瑾老師入室五弟子）
• 中國正統民俗風水教育協會全國總會理事

中國近代「風水史」中，最功不可沒的一人

「風水」這個名詞，是中國在二十一世紀中，令外國朋友印象最深刻的一個詞彙。而中國近代「風水史」中，最功不可沒的一人，非台灣最知名的國際級大師，「謝沅瑾」老師莫屬了。

謝沅瑾老師是台灣第一個純「風水」節目的開山始祖（台灣妙妙妙），自二〇〇三年開播以來，老師的影響力遍及台灣、新加坡、馬來西亞、印尼、美國……連遠在德國的我們也深受其影響。之後二〇〇五年第二個專業風水節目在緯來電視台的「好運望望來」。二〇一〇年澳門「澳亞衛視」的「順風順水」開創了兩岸四地第一個看得見的專業風水節目。二〇一二年緯來電視台的「風水！有關係」……等節目，都是在各地創造高收視率，引領世界各地對中國「風水」一詞研究探討的重要人物，其影響力，在中國「風水文化」歷史定位中是不可抹滅的。不但在世界各地開創了大家對風水的一個新的熱潮，也引領大家對於中國傳統風水的印象，有了非常大的改變。

謝沅瑾老師是第一位在電視上公開用科學的角度解析風水，用現代化顯淺易懂的詞彙分析，把幾十年來的研究，中國人的智慧，大家不論年紀、知識水平的高低，都能理解風水影響的老師。有別於「傳統風水」印象，由於各家秘密不願公開，老師們又各自藏私的重大差別。所以才會被尊稱為「台灣風水命理界的教父」！

遠在德國的我們，也和許多中國人、海外僑胞學子一樣，都是看「謝沅瑾」老師的節目，一路過來的，從自己修正調整，改變風水到親自到台灣取經，登門拜訪謝老師，最令人驚訝的是，「謝沅瑾老師」電視上忠厚老實，和藹親民的印象，在私底下，居然和電視上一模一樣，感覺上就像認識謝老師，很久很久了一樣。而遠在美國也有學子們的論文，和我們一樣是專程到台灣專訪謝老師寫的，連各國的電視台，Discovery Channel……等國際性的節目，也一再到台灣拜訪「謝沅瑾老師」做各種主題性的專訪。

不論您在世界何處，不管您看的是「謝沅瑾老師」的節目或書籍，都祝福您能和我們一樣平安幸福，讓謝沅瑾老師的精神延續下去，「幫助到所有需要幫助的人」，記住老師的名言「風水！讓富人累積財富！讓窮人改變命運！」

目錄

五 庚子年風水運用大全

六 庚子年命名大全

七 招財補運DIY

一

生肖運勢大解析

庚子年百歲年齡生肖對照表

年份	生肖	年齡
一九二一（10年）	辛酉雞	100歲
一九二二（11年）	壬戌狗	99歲
一九二三（12年）	癸亥豬	98歲
一九二四（13年）	甲子鼠	97歲
一九二五（14年）	乙丑牛	96歲
一九二六（15年）	丙寅虎	95歲
一九二七（16年）	丁卯兔	94歲
一九二八（17年）	戊辰龍	93歲
一九二九（18年）	己巳蛇	92歲
一九三〇（19年）	庚午馬	91歲
一九三一（20年）	辛未羊	90歲
一九三二（21年）	壬申猴	89歲
一九三三（22年）	癸酉雞	88歲
一九三四（23年）	甲戌狗	87歲
一九三五（24年）	乙亥豬	86歲
一九三六（25年）	丙子鼠	85歲
一九三七（26年）	丁丑牛	84歲
一九三八（27年）	戊寅虎	83歲
一九三九（28年）	己卯兔	82歲
一九四〇（29年）	庚辰龍	81歲
一九四一（30年）	辛巳蛇	80歲
一九四二（31年）	壬午馬	79歲
一九四三（32年）	癸未羊	78歲
一九四四（33年）	甲申猴	77歲
一九四五（34年）	乙酉雞	76歲
一九四六（35年）	丙戌狗	75歲
一九四七（36年）	丁亥豬	74歲
一九四八（37年）	戊子鼠	73歲
一九四九（38年）	己丑牛	72歲
一九五〇（39年）	庚寅虎	71歲
一九五一（40年）	辛卯兔	70歲
一九五二（41年）	壬辰龍	69歲
一九五三（42年）	癸巳蛇	68歲
一九五四（43年）	甲午馬	67歲
一九五五（44年）	乙未羊	66歲
一九五六（45年）	丙申猴	65歲
一九五七（46年）	丁酉雞	64歲
一九五八（47年）	戊戌狗	63歲
一九五九（48年）	己亥豬	62歲
一九六〇（49年）	庚子鼠	61歲
一九六一（50年）	辛丑牛	60歲
一九六二（51年）	壬寅虎	59歲
一九六三（52年）	癸卯兔	58歲
一九六四（53年）	甲辰龍	57歲
一九六五（54年）	乙巳蛇	56歲
一九六六（55年）	丙午馬	55歲
一九六七（56年）	丁未羊	54歲
一九六八（57年）	戊申猴	53歲

一九六九（58年）	己酉雞	52歲
一九七〇（59年）	庚戌狗	51歲
一九七一（60年）	辛亥豬	50歲
一九七二（61年）	壬子鼠	49歲
一九七三（62年）	癸丑牛	48歲
一九七四（63年）	甲寅虎	47歲
一九七五（64年）	乙卯兔	46歲
一九七六（65年）	丙辰龍	45歲
一九七七（66年）	丁巳蛇	44歲
一九七八（67年）	戊午馬	43歲
一九七九（68年）	己未羊	42歲
一九八〇（69年）	庚申猴	41歲
一九八一（70年）	辛酉雞	40歲
一九八二（71年）	壬戌狗	39歲
一九八三（72年）	癸亥豬	38歲
一九八四（73年）	甲子鼠	37歲
一九八五（74年）	乙丑牛	36歲
一九八六（75年）	丙寅虎	35歲
一九八七（76年）	丁卯兔	34歲
一九八八（77年）	戊辰龍	33歲
一九八九（78年）	己巳蛇	32歲
一九九〇（79年）	庚午馬	31歲
一九九一（80年）	辛未羊	30歲
一九九二（81年）	壬申猴	29歲
一九九三（82年）	癸酉雞	28歲
一九九四（83年）	甲戌狗	27歲
一九九五（84年）	乙亥豬	26歲
一九九六（85年）	丙子鼠	25歲
一九九七（86年）	丁丑牛	24歲
一九九八（87年）	戊寅虎	23歲
一九九九（88年）	己卯兔	22歲
二〇〇〇（89年）	庚辰龍	21歲
二〇〇一（90年）	辛巳蛇	20歲
二〇〇二（91年）	壬午馬	19歲
二〇〇三（92年）	癸未羊	18歲
二〇〇四（93年）	甲申猴	17歲
二〇〇五（94年）	乙酉雞	16歲
二〇〇六（95年）	丙戌狗	15歲
二〇〇七（96年）	丁亥豬	14歲
二〇〇八（97年）	戊子鼠	13歲
二〇〇九（98年）	己丑牛	12歲
二〇一〇（99年）	庚寅虎	11歲
二〇一一（100年）	辛卯兔	10歲
二〇一二（101年）	壬辰龍	9歲
二〇一三（102年）	癸巳蛇	8歲
二〇一四（103年）	甲午馬	7歲
二〇一五（104年）	乙未羊	6歲
二〇一六（105年）	丙申猴	5歲
二〇一七（106年）	丁酉雞	4歲
二〇一八（107年）	戊戌狗	3歲
二〇一九（108年）	己亥豬	2歲
二〇二〇（109年）	庚子鼠	1歲

庚子年十二生肖整體運勢大解析

整體運勢最佳前三名

❶ 一九七三年（62年）癸丑牛 ／ 一九九七年（86年）丁丑牛

這一年運勢非常好，特別是男性朋友，因為有雙重貴人，輔助的力量非常強大，會事半功倍、特別順利。由於貴人運旺，不管是事業或是人際關係上，都能有很好的發展。

❷ 一九六七年（56年）丁未羊

今年可說是如魚得水，因為有個重量級的吉星入宮的關係，受到正面能量的幫助，不管是做事或人際關係等，各方面都有亮眼的表現，是個可以積極努力的年份。

❸ 一九五七年（46年）丁酉雞 ／ 一九九三年（82年）癸酉雞

相較過去幾年，今年運勢大幅提升，健康、事業、財運等方面都很好，整體發展相當旺。人際關係上多花時間經營，提升自己的穩定性，相信所有人都能看到你的成長。

整體運勢最差前三名

❶一九五四年（43年） 甲午馬

因為歲破的關係，今年會有一些沖剋，對整體的運勢帶來比較大的影響，發展上備受壓抑。所以，容易產生壓力進而導致其他的問題。建議今年凡事盡量保守低調，正月十五前可以到廟裡安太歲、點光明燈，以提升運勢。

❷一九八四年（73年） 甲子鼠

此年份的朋友，今年是太歲當頭座，整體發展會受到比較大的壓抑與限制，算是屬鼠裡頭受影響最大的，建議正月十五前到廟裡安太歲，平時與人來往也要留意，盡量保持低調、謙遜，不要躁進，才能夠比較平順。

❸一九七五年（64年） 乙卯兔 男性

本年度男性的朋友容易出現不順的情形，遇到的問題與障礙會比較多，有時候沒什麼特別原因就會發生莫名其妙的狀況，且容易遭人批評。行事上要特別注意，保持低調，不要強出頭與躁進，以免為自身帶來不好的影響。

財運最佳前三名

❶一九七三年（62年）　癸丑牛　／　一九九七年（86年）　丁丑牛

今年可以說是近幾年來最旺的一年，因為貴人運強的關係，不管是遠親、近鄰、同事或生意上往來的朋友，都會為你帶來許多協助與機會。要好好把握今年，只要維持好人際關係，自己的財運就會跟著提升喔。

❷一九五六年（45年）　丙申猴　／　一九九二年（81年）　壬申猴

延續去年的好運，今年可以說是更加順利。財運的部分會因為你們強大的貴人運而帶來大幅度的提升，賺錢的機會也比別人多許多，不僅如此，整體的運勢也有很大的加分。

❸一九六五年（54年）　乙巳蛇　／　一九七七年（66年）　丁巳蛇

乙巳蛇今年延續去年的旺運，整體表現會有好的成績，不過相對來說，因為站在高峰上，壓力也會大些。丁巳蛇則是告別先前的低迷，整體運勢一掃陰霾，是一個向上衝刺的年份，也比較適合投資，要把握機會好好評估。

財運最差前三名

❶一九七五年（64年） 乙卯兔 男性

本年度的男性因整體運勢都比較低迷的緣故，財運方面也連帶受到影響，投資理財等方面都不是那麼順暢，如果有關金錢方面的往來、投資等事項，都建議要審慎評估，盡量保守為宜。

❷一九六四年（53年） 甲辰龍

今年雖然有貴人，但同時也有小人的問題，財運方面雖有加分但也有減分，容易出現判斷失誤而導致損失的狀況。在投資與拓展事業上，如果只是要出力還可以，出錢的話就建議暫緩。

❸一九五五年（44年） 乙未羊

這個年份的朋友是今年屬羊的生肖裡頭比較容易漏財的，雖然其他部分還算平順，卻容易在金錢方面出現狀況。假如先前的投資已經有所獲利，建議見好就收，不要再加碼。另外也要克制，避免衝動型的消費，以免後悔。

事業最佳前三名

❶一九九七年（86年）　丁丑牛　／　一九七三年（62年）　癸丑牛

恭喜這兩個年份的朋友，不管是整體運、財運、工作運、貴人運各方面，都是非常旺的狀態，尤其是男性朋友，工作上容易得到長官的賞識，合作的夥伴也容易溝通，事業的發展十分暢旺。

❷一九八三年（72年）　癸亥豬

今年貴人運非常非常強，人際關係的拓展有很好的成績，工作運方面更是名列前茅，唯一要注意的就是努力衝刺之餘要顧好飲食和健康，不要因過度投入工作而導致身體出狀況。

❸一九六五年（54年）　乙巳蛇　／　一九七七年（66年）　丁巳蛇

如同財運的狀況一樣，乙巳蛇在今年會延續去年的旺運，整個表現會很好，當然事業方面也能有長足進步。丁巳蛇則是一掃陰霾，把握機會戮力衝刺的話，將能更上一層樓。

事業最差前三名

❶ 一九五四年（43年） 甲午馬

今年因為遭逢歲破的關係，運勢受到一定的影響，做事方面容易與人產生想法觀念上的出入，事業的壓力會比較大一些，必須注意控制情緒，管好脾氣，避免因衝突而產生更多問題。

❷ 一九八四年（73年） 甲子鼠

由於今年犯太歲，整體的發展受到限制，容易感受到環境帶來的阻礙，工作上也受到壓抑，施展不開來。其實只要盡量保持低調、謙遜，不要躁進，與人來往也多花心思經營，就能較為平順。

❸ 一九六四年（53年） 甲辰龍

雖然事業、工作上有支持你的貴人、朋友，但因為大運上犯五鬼，很容易招致小人的嫉妒、誤導，造成判斷不準，是非多、問題多、麻煩多。今年最重要的課題是保持低調，專注在自己的工作上，仔細分辨誰是貴人，誰是小人。

桃花最佳前三名

❶一九九二年（81年） 壬申猴

今年貴人運強又帶財運，桃花也朵朵開，運勢相當不錯。未婚的朋友不妨好好經營，或許會有好的機會。另外，桃花也代表人際關係，已婚的朋友可以藉著今年桃花運強，在人際上好好拓展，相信也會有很不錯的收穫。

❷一九九七年（86年） 丁丑牛

今年人際關係方面的運勢非常好，男性朋友尤其加分，未婚的朋友可積極參加聯誼活動等，有機會認識好對象。已婚的朋友也可利用運勢提升人際關係，對於工作方面能夠帶來助益，好好把握。

❸一九八三年（72年） 癸亥豬

由於貴人運非常強，可說是今年最大的助力。走過去年的太歲年，今年突然湧現許多好的機會、好桃花，努力拓展人際關係將會有很不錯的成果，記得把握機運，在工作或人際經營上多加努力。

桃花最差前三名

❶ 一九七五年（64年） 乙卯兔 男性

男性朋友在今年度人際關係方面有可能出現一些狀況，特別在工作上要避免觸及關於男女之間的一些禁忌。整體運勢容易出現不順的情形，沒什麼原因就會發生莫名的狀況，因此保持低調，不要強出頭，是最重要的課題。

❷ 一九六九年（58年） 己酉雞 ／ 二〇〇五年（94年） 乙酉雞

今年雖然運勢方面沒有太大的問題，但在人際關係方面容易出現狀況，以己酉雞來說，最忌諱有太大、太突兀的舉止，保持低調反而比較不會有爭執、摩擦。乙酉雞的朋友正值求學階段，發展單純的友情無妨，但今年不適合投入感情，否則很容易遭受挫折。

❸ 一九六四年（53年） 甲辰龍 ／ 一九八八年（77年） 戊辰龍

甲辰龍今年最大的問題是在人際、人緣桃花部分，工作方面會出現一些障礙，其實就是小人，將是影響你人緣桃花最主要的原因。今年盡量保持中立，退一步海闊天空。戊辰龍的朋友如果已婚的話，會出問題的方面多半是在人際關係，但若是還未婚的朋友，今年的桃花運有好有壞，變化起伏較大，有可能機會不錯，但也可能出現大的障礙。

預防健康問題前三名

❶一九九五年（84年）　乙亥豬

今年工作運、貴人運還不錯，但因為病符星入宮，在身體方面會帶來一些影響，有可能是因為過於投入工作導致出毛病。這方面要注意一下，避免積勞成疾。

❷一九六五年（54年）　乙巳蛇

運勢還算不錯，但在工作量和強度會比過去更大，壓力提升，忙碌的狀態加劇，因此健康是今年要特別注意的課題。打拚之餘要休息、保養，安排休閒活動、適度運動，才能走得長久。

❸一九七四年（63年）　甲寅虎

整體運勢是不錯，不過要注意盡量避免接觸喪事、疾病的場合，平時工作之餘盡可能多出去走走，不管是在人多的地方，或是陽光多的地方，運動、登山等等都不錯，對健康會有比較大的加分。

預防血光意外前三名

❶一九五四年（43年） 甲午馬

今年受到歲破的影響，要特別注意情緒控制、壓力排解的問題，尤其謹記騎車、開車時要小心，欲速則不達。工作場合也要謹慎，管好脾氣，以避免意外紛爭。盡量安排正月十五前到廟裡點光明燈，加強運勢。

❷一九八四年（73年） 甲子鼠

太歲當頭座，無喜必有禍，以運勢來看容易受到影響。今年做任何事情都要小心謹慎，不要急躁，除非遇到結婚、升官、生子等大喜之事，否則盡量低調、謙遜，建議在正月十五前到廟裡安太歲，讓負面影響減到最低。

❸一九九四年（83年） 甲戌狗

因為犯天狗星的緣故，要預防是非、口舌、血光意外。今年容易急躁、衝動，記得自己要調整好心態，以正面的態度去處理事情。正月十五前建議到廟裡制天狗，其他的部分沒有什麼太大的問題。

庚子年十二生肖流年、流月解析

肖鼠者運勢

（13、25、37、49、61、73歲）

❀ 本年整體運勢

屬鼠的朋友今年犯太歲，不過整體運勢來說還算不錯，但要留意血光、受傷意外的機會會比較高一點，此外要避免衝動急躁以致與人產生衝突，凡事保持低調，稍微注意一下，就不會有什麼太大的影響。當然不同年份出生的朋友運勢會有不同，但都建議在正月十五前到廟裡安太歲、點光明燈，平時小心謹慎，就可平安順利。

一九四八年（37年） 戊子鼠 73歲

今年要特別注意的是關於財運的部分，不管是在投資或平日的花費上，容易出現漏財的情形，尤其是要避免衝動型的消費，有可能會有為了抒發情緒、轉移壓力，發生亂花錢的狀況。這也暗示今年比較不適合做投資，在金錢方面小心謹慎是本年度最重要的功課。

一九六〇年（49年） 庚子鼠 61歲

整體狀況算是比較平順，不管是生活或事業的發展上都還算不錯。跟他人溝通協調比較容易有共識，假如碰到想法不同的時候，不要太計較，很多事情自然就會順利。

一九七二年（61年）　壬子鼠　49歲

在屬鼠裡頭運勢還算不錯，整體而言屬於中上，在做事、求財各方面沒什麼太大的問題，也容易有成果。平時只要做事更加小心謹慎一些，那麼就比較不會出錯，也會有好成績。

一九八四年（73年）　甲子鼠　37歲

以運勢來看算是屬鼠裡頭壓力較大的，容易感受到環境或是工作方面帶來的問題。除了記得去安太歲之外，也要特別留意與人交往盡量保持低調、謙遜，不要毛毛躁躁，穩定自己的情緒是今年的重要課題。

一九九六年（85年）　丙子鼠　25歲

在屬鼠裡頭算是運勢最好的一個，不管是財運、事業運、貴人運等都蠻好的，不過既然太歲當頭，還是要小心駛得萬年船，有時候好運不代表可以一切順遂，做事情要多加謹慎，相信會有更好的成績。

二〇〇八年（97年）　戊子鼠　13歲

特別要注意情緒上面的問題，由於犯太歲的關係，今年壓力可能大些，做事會急躁一點，金錢起伏也較大，容易出現衝動型消費的狀況，這方面要留意。

每月運勢

平 **一月運勢：**本月運勢平平，可以趁著新春期間跟親朋好友相聚，四處走春。不過，由於今年犯太歲的關係，建議在農曆正月十五日之前到廟裡安太歲，以提升運勢。另外，本月份也要看緊荷包，不要衝動消費，以免漏財喔。

凶 **二月運勢：**本月運勢較低，對人對事都會比較沒耐心，可能一點小事就會跟別人起口角，要注意控制自己的情緒，多聽少說，尤其因為是犯太歲的年份，凡事低調、忍耐，否則容易因小失大，連帶造成財運的損失。女性朋友則要注意婦科問題。

吉 **三月運勢：**本月份運勢大大上揚，工作上會受到很多貴人的幫助，前幾個月一直卡關的事情，有可能在本月份獲得解決。財運上也很不錯，謹慎理財會得到回饋。如果有比較大的投資，建議還是要小心評估喔。

平 **四月運勢：**本月運勢平平，可以好好把握春天的假期，帶家人或者跟朋友一起安排一趟旅行，對於增進彼此的感情會有一些助益。不過，外出時，交通要多加注意，不管做什麼事情都要多留一分心，以避開血光意外的災害。

凶 **五月運勢：**本月是一個吉帶凶的月份，一方面你的運勢很強，尤其在財運方面只要努力的話都會有不錯的表現。但是另一方面，你又很容易跟合夥人、家人有意見、觀念上的不合，難免會帶來一些爭執，讓你覺得十分疲累。記得凡事退一步，自然能迎刃而解。

凶 **六月運勢：**本月份也是吉凶參半的運勢，延續上個月暢旺的財運，本月你能夠生財，工作運也很不錯。但同時也有漏財的問題存在，投資理財或者日常花費都要仔細評估，否則很容易左手進右手出。另外感情問題也是你本月份的重點課題，要小心處理為宜。

吉 **七月運勢：**本月份運勢很不錯，雖然有可能在工作上遇到一些小人，或遭人背叛等不順心的事，但由於你的貴人運很強，因此都能夠逢凶化吉。不過因為月運的關係，再加上年運犯太歲，容易有血光意外發生，這點要特別注意，外出行車、使用刀具等都要小心。

凶 **八月運勢：**本月運勢較低迷，情緒很容易像脫韁野馬一樣，一下子就控制不住，讓你有一種全世界都在找碴的感受，做起事情來處處阻礙。謹記控制脾氣是你最重要的課題，雖然局勢不佳，但仍有貴人會為你帶來助力，不強出頭、惹是非，就能平安度過。

平 **九月運勢：**本月運勢中吉，工作或家庭上明顯感受到壓力，但這樣的壓力是種正向的挑戰，只要你付出努力、扛下壓力就能得到成果。比較需要費心的是小人的問題，還有注意身體狀況，多加保養、適度運動，以避免積勞成疾。

吉 **十月運勢：**本月份運勢很不錯，雖然壓力還是存在，小人的問題也還沒有完全排除，甚至你可能有一些健康方面的隱憂，但由於本月你有很強的貴人運，這些帶給你困擾的事情，都能在貴人的有意無意的幫助下，獲得解決。

平 **十一月運勢：**本月運勢平平，比起前兩個月，可以說是一段歲月靜好的日子，正可以讓自己的身心好好休息、調整一番。不過，不管是要休假或者安排旅遊，可別因為一放鬆就連荷包都不管了，如此一來可能會造成漏財的問題喔。

吉 **十二月運勢：**本月運勢大好，不論是工作上的合夥、合作都非常順暢，事情也能進展得很順利，遇到問題主動會有人伸出援手，強大的貴人運也能為你帶來很好的財運，讓你在年底有很不錯的收穫，神采飛揚。

肖牛者運勢（12、24、36、48、60、72歲）

本年整體運勢

因為有太陽吉星入宮，今年的運勢非常好，特別是男性朋友，在事業、健康、財運等各方面都很不錯，尤其是在貴人運方面更是明顯提升，但要特別留意，不管是已婚或是未婚，在與異性相處都要拿捏好分寸，才能在工作上、財富累積上有比較長久的助力。相對於男性，女性運勢則是屬於中上，貴人運也不錯，不過也要注意感情方面要小心謹慎處理，與異性來往相處要多加留意。

一九四九年（38年）　己丑牛　72歲

本年度看來，比較特別需要注意的是金錢方面的問題，整體運勢看起來容易有漏財的情況，有可能是因健康的因素，或是投資理財產生的狀況所帶來的，這方面必須要特別小心，也要避免衝動型的消費而造成損失。至於其他方面，凡事多加注意的話就沒有太大的問題。

一九六一年（50年）　辛丑牛　60歲

今年的運勢基本上算是中上的狀態。其中男性又比女性好些。由於有貴人星、太陽入宮，所以整體來說不差，財運、人際關係等方面都還不錯。不管是已經退休的朋友，或是還在事業上打拼的朋友，今年有貴人的無形助力，只要抓好重心跟方向，運勢也會跟著加分。

一九七三年（62年）　癸丑牛　48歲

這一年整體運勢來說算是很不錯，像是財運、事業運方面都是非常不錯，以工作方面來說，因為貴人運旺的關係，不管是同事、生意上往來的朋友，或是說一般的人際關係，發展上都是很好的。

一九八五年（74年）　乙丑牛　36歲

算是屬牛中壓力比較大的一個，尤其是女性的朋友，又會比男性稍微辛苦一點。還好就是今年的貴人運很強，不論是工作上或者所處的環境上，雖然壓力大些，但只要用平常心去面對，無形中還是會有助力幫你，努力的話可以看到不錯的成果。

一九九七年（86年）　丁丑牛　24歲

整體運勢非常的好，不管是男性或女性都很不錯，無論在工作、財運、人際關係等各方面，看起來都會有優秀的表現。今年要看準目標，好好把握衝刺，千萬不要浪費了運勢暢旺的一年。

二〇〇九年（98年）　己丑牛　12歲

正逢讀書的年紀，功課的表現應該還不錯，也適合課餘休閒，只要認真求學，不愁沒有好成績。要注意的是比較容易會衝動消費，不過自己懂得節制，或是家長幫忙注意，相信可以避免。

每月運勢

（吉）**一月運勢：**本月運勢大好，又逢吉星入宮，對於男性朋友有很旺的運道，可以把握這個月的機會，好好衝刺事業，有機會獲得上司的賞識喔。女性朋友的貴人運也很強，財運也跟著提升。不過，要特別注意特意接近的異性，小心觀察。

（平）**二月運勢：**本月運勢持平，但因為吉星高照，所以整體運勢還是很不錯的，值得把握機會好好努力，經營人際關係也很適合，只要拿捏好男女之間的分寸，就不會有太大問題。唯一要注意的是別因為心情好就亂花錢，會有可能買到不需要的東西而漏財喔。

（凶）**三月運勢：**本月運勢相較之下比較不佳，你工作的團隊裡可能會出現意見分歧的狀況，甚至有可能造成合作上的破局，讓你大傷腦筋。記得，太陽吉星的照臨會為你帶來正面的力量，好好運用不錯的工作運與貴人運，以智慧來面對，相信困難最終都能夠好好化解。

（吉）**四月運勢：**本月份運勢直線上升，做起事情來又順暢許多，人際相處也充滿愉快的氣氛，工作上如果有好的機會，要好好把握衝刺，千萬不要浪費了好運道。感情方面會有一些對象出現，最好多觀察一些，不要躁進，以免招惹爛桃花。

（凶）**五月運勢：**本月運勢凶中帶吉，工作上會有比較辛苦的感受，但只要付出努力，還是能得到相應的回報。不過要特別小心感情方面的問題，多花心思去處理，以免小事釀大災。財務方面也要多留意，盡量不要有大筆的金錢往來，借貸方面也最好避免，以免招致損失。

（凶）**六月運勢：**本月運勢延續上個月，一樣是凶中帶吉。整體而言你有很強烈的挫折感，不僅在工作上容易與人產生爭執，跟家人之間也會有意見不合的狀況產生，但記得你的年運是很不錯的，關鍵時刻會有貴人相助，只要你好好控制脾氣，就能平安度過。

平

七月運勢：本月運勢平平，但仍有一些比較不利的狀況會產生。像是工作上可能會有小人在作亂、扯後腿，跟人相處的時候也會產生一些衝突，甚至一不留意就會受傷流血等等。但程度都不大，只要記得凡事多忍耐，外出、做事多加小心，就不會有太大問題。

吉

八月運勢：本月運勢非常旺，做起事來有如神助，先前遭遇困難的項目都能夠順利推進，超強貴人運讓你很有感，甚至有機會可以因為好的表現而升官加薪。欣賞你的人也很多，但可別沖昏頭了，不管是已婚未婚的朋友，與異性相處都要特別注意，涉及感情的問題要小心處理。

凶

九月運勢：本月份因為凶星影響，運勢陡降，跟上個月份簡直有天堂地獄之別。你能感受到來自各方面的壓力，凡事都不那麼如意，讓你挫折感很強，甚至有種被孤立的孤獨感。建議你找一些方式好好紓壓，多花心思關心自己的健康，保持樂觀。

吉

十月運勢：本月運勢大有提升，雖然先前帶來壓力的那些事情還沒有獲得完全解決，但你已經能感受到比較順暢的局勢，貴人運也增強許多，因此儘管還是有一些小人的問題，但不至於造成太大危害，只要好好努力，注意健康即可。

平

十一月運勢：本月運勢平吉，借助今年的大吉星，你在各方面都還是有很強勢的表現，有機會獲得上司賞識，在職場上佔有一席之地。趁著運勢平順的月份，好好衝刺事業或者充實自己，都能為自己帶來更多好運。唯一要注意的是金錢上的問題，投資方面多加注意，避免漏財。

平

十二月運勢：本月份也是持平的狀態，年關將近，正好趁此機會整理家務，採辦年貨，多花時間與家人相處。工作上，則可以趁此機會，盤點一下這一年來的表現與收穫，再好好展望明年。要特別注意的是本月仍有漏財的隱憂，小心看緊荷包。

肖虎者運勢（23、35、47、59、71、83歲）

本年整體運勢

本年度有喪門星入宮，要留意、預防家裡可能會有相關的事情發生，也要設法遠離疾病、喪葬方面的事情或場所，多注意家人健康，避免意外。除此之外，今年整體運勢還不錯，各方面都有機會好好展現，一掃先前的壓力。記得多行善助人，對人際、工作等都會加分。

一九三八年（27年）　戊寅虎　83歲

這個年度的朋友在健康方面要特別注意，另外就是金錢上的支出可能會比較多，這也有可能是因為跟健康有關的開銷，不過如果是必要的花費還是不能免。本年度的課題就是健康，不妨多與家人參加聚會，因為開心就是提升運勢、保持身體健康的最好方式。

一九五〇年（39年）　庚寅虎　71歲

整體運勢屬於一個比較平順的狀態，在各方面如人際、家運等都還算可以。保持身心愉快是這個年紀的重要課題，平常可和親朋好友多參加活動，或是熱熱鬧鬧的場合，對自己的健康、運勢來說都是加分的。

一九六二年（51年）　壬寅虎　59歲

今年的狀態可說是非常的好，表現也很亮眼，事業上雖然接近退休，但也是到了比較可以掌握的年紀，有機會還是會有好的表現，財運也亮眼。在這個年份裡比較需要注意家人的健康，不管是長輩或是另一半，工作之餘花點心思照顧他們，相信以你的能力是沒問題的。

一九七四年（63年）　甲寅虎　47歲

算是屬虎中壓力比較大的一個，可能在工作上或環境上承受的壓力比較多，因而導致健康問題，會稍微比較辛苦一點。其實這兩三年都比較接近這個情況，建議是在飲食、健康、作息方面多留意，不要急著衝刺，有時候持平反而是好的，讓運勢保持在還可以的狀態即可。

一九八六年（75年）　丙寅虎　35歲

今年運勢非常的不錯，算在屬虎裡頭最好的。你的努力會被看見，應該要多花點時間在工作上，充實自己，強化在工作上的表現，抓緊方向，利用好的貴人運、上司運，今年可望會有不錯的亮眼成績。

一九九八年（87年）　戊寅虎　23歲

今年比較會有漏財的狀況，特別是在投資、創業方面，需要謹慎評估，建議是保守為宜。不過若單純以工作本身來說，今年在工作上的表現蠻好的，也有貴人幫忙，只要留意開銷花費與財務規劃，相信整體是還不錯的。

每月運勢

（平）**一月運勢：**本月運勢平平，趁著新春年間，可以到廟裡拜拜求平安。這期間盡量不要大吃大喝，保持適度運動，尤其家中若有長輩或小孩，要多關心他們的健康，別因為歡樂的年節氣氛，造成熬夜、作息混亂，還是要保持規律，以避免產生健康方面的問題。

（吉）**二月運勢：**本月份運勢很不錯，工作上的推展很順暢，你會獲得許多外界的助力，不過如果有大筆支出或是合約簽署，都要小心處理，因為本月份有漏財的可能性。另外，因為今年受凶星的影響，盡量避免到醫院探病或是參加喪事場合。

（吉）**三月運勢：**本月運勢較上月更佳，你能夠很明顯的感覺到貴人帶來的助力，讓你在各方面都有所進展。如果家人或自己健康上有一些問題，本月份也有機會在貴人的幫助下，得到好的醫療方式，獲得解決。

（凶）**四月運勢：**本月份運勢相對來說比較不好，工作方面你有可能遇到很固執的人，想法跟觀念都跟自己很不一樣，要多點耐心溝通，盡量不要硬碰硬。另外，感情方面也有可能會有一些狀況發生，建議你平常多花時間關心對方，也要避免爭吵，才能平順度過。

（吉）**五月運勢：**本月運勢非常好，尤其是財運方面會有不錯的進帳。或許你現在對於正在執行的事務感到很大的壓力，但只要你能扛下來，努力去拚，就能得到很不錯的回饋。本月份還有很強的貴人運，如果想要轉職，有機會受到貴人的引介，好好把握。

（平）**六月運勢：**本月份運勢平吉，雖然不及上個月那麼旺，但本月份仍然是一個有勞就有得的狀況，也值得好好把握。另外，家人如果有些健康方面的問題，要多多關注，積極去處理也能獲得解決。有時間可以多參與慈善活動，廣積德，避開喪事場合，就不會有太大問題。

凶 **七月運勢：**本月份算是今年度裡比較不好的一個月份。職場上要多注意小人的問題，盡量保持低調，不要插手介入他人的事務，否則很容易產生施恩無報的情形，甚至招惹小人來犯，讓你很抓狂，想找人吵架，這些都會帶來不好的影響。外出行車也要多加小心，以免血光意外。

平 **八月運勢：**本月運勢有回穩，不管是工作上還是處理家務事方面，都能比較有效率的進行，同事、好朋友或者家人都可能為你提供很不錯的建議跟幫助，讓你充滿信心、事半功倍。

吉 **九月運勢：**本月運勢佳，各方面都有很不錯的收穫，也有很多人主動提供你機會，或者給你實質的幫助，讓你很開心。但這些好機會都還是需要你努力去爭取，所以你會感覺到有一些些的壓力，不過只要付出努力，財運也會跟著提升喔，唯一要注意的是要適度紓壓跟休息，別累過頭了。

吉 **十月運勢：**本月運勢也很不錯，人際交往充滿愉快的氣氛，但也別因此就失去分際，否則還是會有招小人的問題產生。另外健康方面的課題，也是你要特別花心思去注意的，有病就看醫生，別因小失大。平日裡多行善積德，凡是喪事相關的事務都盡量避免參加或觀看，以保平安。

平 **十一月運勢：**本月份運勢平平，身邊的事物都在軌道上照計劃進行著，你可以好好的喘一口氣，趁此機會休養生息。凡事不要太躁進、太強求，穩定中求發展即可。本月份要注意的是漏財的問題，你可能會有一些購物的衝動，建議你要仔細衡量自己的需求，或者評估物件的優劣，再做決定。

平 **十二月運勢：**本月運勢平和，如果今年你夠努力，現在就是收穫的時刻。不夠努力的地方，或者有不圓滿的地方，好好規劃明年，再做衝刺。年關將屆的這段期間，值得多花心思與家人相處，關注他們的狀況與健康，家人的平安，就是你的平安。

肖兔者運勢
（22、34、46、58、70、82歲）

本年整體運勢

今年因為太陰星入宮，所以女性朋友運勢會比較旺，各方面都會有好的成績，也容易受到貴人的協助，這包括上司、朋友，或者是事業夥伴，都會有比較大的助力。而對男性朋友來說，壓力就比較大一點點，或是會碰到一些狀況等等，也容易產生不好的桃花，或在與人溝通上出現摩擦。建議不管是工作上或是為人處事的態度都要多留意。只要抓好這個原則，其他方面還是不錯的。

一九三九年（28年）　己卯兔　82歲

女性整體運勢還不錯，男性則要注意健康問題，以及因此產生的漏財。如果金錢方面的支出是對健康加分倒是無妨，最忌諱就是胡亂購物，人云亦云，人家買什麼你也跟著買什麼，要特別留意。

一九五一年（40年）　辛卯兔　70歲

整體運勢來說算持平，比較要留意的是容易出現口角爭執，有時候發生的狀況還很莫名其妙，因此要比較費心於人際來往，不管是家人也好，朋友也好，多加注意相關問題，只要多留意與人相處，一切就會順利。

一九六三年（52年）　癸卯兔　58歲

今年以屬兔來說算還蠻不錯的，像是財運、工作等都維持中上水準，所以整體看來沒太大問題，要注意的就是人際方面遇到問題時要自我調適，多花點時間與人溝通，會有更好的成績。

一九七五年（64年）　乙卯兔　46歲

女性朋友因貴人協助，會有一定的成績展現。男性朋友則不管在事業運、財運，或是桃花運，出現的問題與障礙似乎較多，尤其要留意人際上的一些小狀況。保持低調的態度，不要強出頭，避免受到有心人的影響，而產生人際上的問題，這方面多加小心，自然能安穩度過。

一九八七年（76年）　丁卯兔　34歲

今年度非常亮眼，是屬兔裡頭最好的，特別是女性，不管是事業、工作來說都很順遂，會有好的機會，男性的運勢也在中上。切記今年只要掌握好人際關係，盡量保持和諧，就會更順利。

一九九九年（88年）　己卯兔　22歲

女性的朋友今年交友運比較好，如果有機會仔細挑選，說不定會有好的交往對象。男性朋友則要留意避免衝動型的消費與無謂的花費，以及交友上慎選對象，避免人際方面的狀況。另外以工作運來說，雖然會有成績展現，但要懂得保持低調與謙遜，這樣才能對整體運勢更加分。

每月運勢

吉 **一月運勢：**本月運勢極佳，一開年就有好兆頭，尤其是女性朋友，受到太陰吉星的照臨，帶來很大的助力，不論是工作或者家務上都能夠有很好的表現。男性朋友的貴人運與財運也很不錯，值得好好把握，唯一需要特別注意的是跟異性往來時，要嚴守分際，以免出現問題。

平 **二月運勢：**本月運勢平順，可以趁著這段較為平穩的日子，好好規劃這一年的努力目標。女性朋友可以比較大膽去挑戰新的事物，今年良好的年運會幫助你，很有機會達成夢想。男性朋友則要稍微保守一點，壓力也會比較大些，但是付出還是會有收穫的。

平 **三月運勢：**本月份吉凶參半，在人際相處或合作關係上有很大的進展，如果跟人合夥做生意，或者團隊合作，都有機會可以遇到不錯的夥伴給你助力。但比較容易出問題的是感情方面，尤其是男性朋友要慎防爛桃花。金錢方面，有大筆投資也要好好評估，否則有破財的可能。

平 **四月運勢：**本月運勢平吉。是一個可以輕鬆做事的月份，女性朋友只要按部就班，保持平常的努力跟自信，就能夠得到不錯的成果。男性朋友則需要多花一些努力，工作上的狀況也比較多，但凡事只要認真踏實地做，就不會有太大問題。

凶 **五月運勢：**本月運勢較不佳，你在這段期間比較容易變得敏感和情緒化，甚至常常意氣用事，這會影響到你的人際關係，連帶的也會讓事業的推展受到阻礙。建議你，跟人之間要多溝通，放下自己的成見與主觀，多聽聽別人的意見，忍一時風平浪靜，退一步海闊天空。

吉 **六月運勢：**本月運勢大好，不僅月運很強，再加上年運吉星的助力，讓你人逢喜事精神爽。工作上有貴人幫助，財運也不錯。女性朋友在這個月份裡很有升官加薪的機會。而男性朋友只要踏實地努力，也同樣會有不錯的成果，好好把握機會。

平

七月運勢：本月運勢平吉，工作上平平穩穩的照規劃進行下去，就不會有太大的問題。如果有安排出遊或者需要外出拜訪客戶，則要小心行車安全；在家裡或者工作上使用器具，也要多加留意，避免血光之災。男性朋友則要特別注意不要跟人起衝突，以免招惹小人暗害。

凶

八月運勢：本月份凶中帶吉。這個月份你很容易跟周遭的人想法不同，因此而變得固執跟堅持，甚至造成劍拔弩張的緊張態勢。還好貴人運不錯，關鍵時刻都有人會出來化解僵局。不過還是建議你，要多多控制自己的脾氣，避免爭執，以免影響到你的好運氣。

吉

九月運勢：本月運勢相當旺，各方面都能依照你的想法進展順利。但壓力還是如影隨形，有可能是能者多勞，你負責的事項過多，導致必須花費加倍的心力。要特別關注自己的身體狀況，適度休息，以免健康出問題。

吉

十月運勢：本月運勢非常好，延續上個月的好運，更上一層樓。這個月也是女性朋友有機會升官加薪的月份，好好的表現，相信成果一定會讓你滿意。男性朋友的貴人運與財運也不錯，如果能在待人處事上更為圓融，跟異性相處更加留心，相信也會有很不錯的收穫。

凶

十一月運勢：本月運勢不佳。女性朋友要注意婦科方面的問題，平時保持適當運動，規律作息，可以從事一些紓壓的活動，對健康有正面的幫助。男性朋友本月份比較容易跟人起衝突，甚至此衝突會浮上檯面，演變成口角爭執，這些對你的運勢都有不好的影響，要盡量避免。

平

十二月運勢：本月運勢平順，雖然沒有什麼豐功偉業，也不像大好的月份一樣受到眾人注目，但你的好運還是很旺的喔。趁著這段相對平順的時間，多花點心思陪陪家人，或是與朋友聚餐，都能為你帶來開心的時光。男性朋友要注意與異性相處的問題，避免招惹爛桃花。

肖龍者運勢（21、33、45、57、69、81歲）

本年整體運勢

今年三合吉星入宮，整體運勢還蠻旺的，尤其是人際關係、貴人運，但本年度也要預防五鬼，五鬼代表就是小人，俗話說「閻王好惹，小鬼難纏」，因此要慎防遭到小人或小道消息誤導所帶來的影響。凡事謹慎小心、做好查證和判斷，避免做出錯誤抉擇。整體而言無論是工作、健康或考試各方面，只要細心面對，會有不錯的發展。如何做正確的判斷與決定，是今年重要的功課。

一九四〇年（29年）　庚辰龍　81歲

這個年度算是持平的狀態，健康方面也還不錯，但有時容易受到一些流言蜚語、有心人士的影響，產生無謂的紛爭。建議今年要保持平常心面對，不要隨意做批判，比較不會受到外在干擾，也會成為人人尊敬的長者。

一九五二年（41年）　壬辰龍　69歲

運勢好，容易掌握整體狀況，貴人運佳，也有機會帶來財富，各方面都有表現，是屬龍裡頭算不錯的。掌握好自己的步調，不要容易受到外頭的閒言閒語而導致情緒波動，自然運勢順暢。

一九六四年（53年）　甲辰龍　57歲

今年壓力較大，在事業、財運、桃花等三方面都會受到影響，尤其是有可能因事業的狀況而影響財運。此外還有小人的問題，處理不好會讓你疲於奔命，因此建議專注在自己的工作上，仔細辨明誰是貴人，誰是蠱惑你的小人，盡量保持中立，退一步海闊天空，自然能讓貴人浮現，小人退散。

一九七六年（65年）　丙辰龍　45歲

算是屬龍裡頭狀況最好的，尤其是在貴人運上最加分，無論是人際拓展、財運等方面都會有亮眼的成績，雖然難免會有閒言閒語出現，但因為今年的態勢是好的，只要保持步調，不要輕易受別人的影響，多聽多做少批判，各方面都會有很好的斬獲。

一九八八年（77年）　戊辰龍　33歲

本年容易出現衝動型的消費或投資，這跟小人影響所導致的誤判有很大的關係。今年的處事最重要的原則就是不要輕易做決定，凡事多聽多看，仔細分析，等待貴人運發揮作用，自然就能趨吉避凶。

二〇〇〇年（89年）　庚辰龍　21歲

今年是一個持平中求發展的年份，一分耕耘一分收穫，凡事小心謹慎避免小人帶來的影響，控制好自己的情緒，不要讓負面情緒主導言行，再加上貴人運的幫忙，努力付出自然會有回收。

每月運勢

吉 **一月運勢：**本月運勢很好，有利於各項事務的推展，如果你有一項新的計劃要開始進行，建議可以在本月份啟動，會獲得人事上有利的幫助，能得到好的夥伴。但由於今年度有五鬼星入宮，建議在正月十五日之前到廟裡制五鬼，以降低影響。

吉 **二月運勢：**本月運勢吉凶參半，要多注意感情方面的問題，有伴侶的人如果先前已經有問題出現，本月份只要你多花心思處理，關鍵時刻也會有貴人出手相助，問題應該可以獲得解決。本月份你也有不錯的財運，但另外一方面也有會消耗財運的凶星入宮，對於市場消息要仔細判斷，保守為宜。

凶 **三月運勢：**本月運勢不佳，你有可能會遇到難搞的客戶，或者對你有敵意的工作夥伴，難免會產生一些針鋒相對的狀況，建議你要冷靜判斷，謹慎處理，特別在犯五鬼的年份裡，要仔細分辨貴人與小人，對小道消息要保持戒心，多方求證，以免誤判情勢。

平 **四月運勢：**本月運勢平穩，讓你有一種鬆了一口氣的感受，可以趁此機會好好調整腳步，安排一趟旅行也是很不錯的選擇，但對於旅行的規劃也要多方比較，仔細判斷獲得的資訊，才能找到適合自己又能玩得開心的行程。對於外部訊息多花心思查證，是你今年最重要的課題。

平 **五月運勢：**本月運勢依然平順，但比起上個月，會變得比較忙碌，需要處理的事情變多了，但這些也是你成長的機會，好好把握，會有不錯的成果。平日裡少說多做，不要輕信他人言，也不要跟著別人亂傳小道消息，常常提醒自己保持頭腦清醒。

平 **六月運勢：**本月運勢也是相對較平穩的，雖然你還是感覺到不能放鬆，有一些先前坐視不管的事物，現在開始要你去想出對策，或者有些爛攤子需要收拾，會讓人難免暴躁。但多多忍耐，仔細判斷情勢，相信你一定可以想出辦法好好解決的。

吉 **七月運勢：**本月運勢直線上揚，事情都能夠朝著所希望的方向快速發展，你會得到很多內在與外在的助力，有人會主動伸出援手，或提供好的機會，值得好好把握。小人的問題仍要留心，盡量不去招惹是非。另外，外出或者工作上都要小心，以免除血光之災。

吉 **八月運勢：**本月份運勢也很不錯，不論是年運或是月運都為你帶來極強的貴人運與財運。暗示著在貴人的幫助下，加上自己的努力，有機會可以升官加薪，只要能仔細分辨小人與貴人，好好利用這個機會，衝一波，相信會有很不錯的收穫。

凶 **九月運勢：**本月運勢不佳，有可能被客戶惹毛，或者需要收拾他人留下的爛攤子，這讓人火氣上升，壓力爆表，一不小心就會擦槍走火，跟人衝起來。建議你這段期間凡事多忍讓，也不要被他人的言語煽動而得罪人，這樣並不值得。保持冷靜、收斂脾氣是最重要的課題。

平 **十月運勢：**本月份運勢平平，但還是有一些狀況需要注意。一方面長久累積下來的壓力，可能帶來健康上的問題，建議你可以安排一次體檢，好好正視自己的身體狀況。另外，本月份也盡量不要多管閒事，否則無意中會招惹小人，甚至可能遭到背叛，得不償失。

吉 **十一月運勢：**本月運勢極佳，做起事情來比較順心順利，想要執行的事物也會有人幫你牽線，難搞的案件也可望獲得解決，順利結案。這些也都能為你帶來很不錯的財務收入。但如果你想要進行投資理財，建議還是要做萬全的諮詢與評估，有十足的把握之後再出手，否則有可能造成損失喔。

凶 **十二月運勢：**本月運勢低迷，大小事情都卡關，好像全世界都在與你為敵，尤其是同事或家人，對於你的想法都有疑慮，讓人很挫折，也很容易就想找人吵架。提醒你，有些看似小人的阻礙，或許是為了讓你避免損失，有些看似貴人的勸進，實際上可能會造成失敗，要小心判斷，保守為宜。

肖蛇者運勢
（20、32、44、56、68、80歲）

本年整體運勢

整體運勢來說今年的表現並不差，但由於有死符星入宮，造成關於健康方面的問題，建議少接近喪事場合，也盡量減少探病的機會，健康方面是今年需要注意的課題，除了留意自身外，也要注意家中的長輩，身體如果有狀況就記得看醫生，也要避免因工作而累積的病痛。

一九四一年（30年）　辛巳蛇　80歲

運勢看起來還蠻好的，不過因為今年有一顆影響健康的凶星入宮，所以要留意自己的身體健康，有任何病痛都要積極處理，平時注意保養，保持愉快心情，就不會有太大的問題。

一九五三年（42年）　癸巳蛇　68歲

今年整體的運勢還不錯，各方面也會有好的表現，只要平時留意飲食，適當運動、保養，有空時到戶外走走，保持身心健康，就可以達到好的狀態。

一九六五年（54年）　乙巳蛇　56歲

延續了去年的旺運，今年整體表現依舊亮眼，不管是貴人運、事業工作也好，都會有好的成績展現，看起來蠻不錯的。不過要注意的是，今年在工作上會有比較大的壓力，忙碌的狀態也比去年加劇，因此健康是今年要特別注意的課題。在這個年份裡，工作之餘要懂得休閒、保養，才能走得長久，也有助於未來的事業。

一九七七年（66年）　丁巳蛇　44歲

告別了去年的低迷和財運不順，今年的整體運勢一掃陰霾，展現了很不錯的成績。不管是財運也好、工作、長輩上司運也好，預期都會有好的表現以及成果，應該是屬蛇裡頭最旺的一個。

一九八九年（78年）　己巳蛇　32歲

今年是屬於比較平順、平穩的狀態，不過因為死符星的關係，健康方面有一些影響，另外就是可能會有漏財的情況，在消費及投資方面必須要特別小心，避免因衝動而造成損失。所謂留得青山在，不怕沒柴燒，只要維持身體健康和財務的保守，運勢就可以平安。

二〇〇一年（90年）　辛巳蛇　20歲

今年運勢在屬蛇的朋友中算是中上的，只要平時步調穩健、做事不衝動、不暴飲暴食、騎車開車多加留意，保持身心愉快，整體來說就還不錯。

每月運勢

凶 **一月運勢：**開春的這個月份，運勢較為低迷。今年因為受到凶星的影響，健康是你最大的課題，新春期間盡量不要大吃大喝，作息顛倒，否則很容易出問題，造成金錢上的損失。有另一半的人，多花時間關懷對方，經營感情，如果相處有問題，冷靜溝通，才能好好解決。

平 **二月運勢：**本月份運勢平穩，但要特別注意財務上的問題。出門在外隨身財物要收好，有購物的需求或者大筆支出時，要謹慎評估，以免漏財。另外一個有可能造成財務問題的是健康狀況，有小病就要認真處理，否則可能越拖越棘手喔。另外喪事場合盡量避開。

平 **三月運勢：**本月份運勢平穩，工作、家務各方面都沒有太大的問題，心情上相對比較輕鬆，你可以把焦點放到自己與家人的健康上，安排一次健康檢查是不錯的選擇，及早發現問題，及早解決。平日裡飲食與作息都要正常，就能降低凶星帶來的不良影響。

平 **四月運勢：**本月運勢平吉，可以說是一段悠閒的時光，趁著明媚的春天出遊對你的運勢也有所提升。不過安排旅程時，盡量注意不要過度勞累，也不要放縱而大吃大喝，造成身體的負擔。有機會多多行善積德，能為自己的健康、工作各方面帶來好運。

吉 **五月運勢：**本月份運勢很不錯，這段期間你可能會需要密集拜訪一些人，雖然勞累，但會有貴人對你伸出援手，引薦資源，讓你想要洽談的合作都能進行得很順利，很快就能談成，進入執行階段。只要小心不要累過頭，這個月份能為你帶來很不錯的收穫。

吉 **六月運勢：**本月運勢依然很強勢，如果是上班族，這個月執行工作會很順利，同事間的相處也會很融洽，只要你多加注意一些文書上的細節，避免錯誤產生即可。上班之餘，也可以跟同事一起上健身房運動，有機會找到不錯的課程，幫助你促進自己的健康。

凶 **七月運勢：**本月運勢低迷，你會面臨到一些來自家庭內部或者團隊內部產生的矛盾，讓你備感壓力。你要執行的事情很多，但阻礙的狀況也變多了，讓你負能量滿滿。不過，還是會有貴人對你伸出援手，雖然局勢混亂，但你要穩住陣腳，藉由正向的助力，事情就能往對你有利的方向去進展。

吉 **八月運勢：**本月運勢上揚，貴人運明顯提升了許多，財運也大好。先前收不到的帳款，有可能在本月份順利入帳，你也會因為貴人帶來的消息，而獲得賺錢的機會。你也會變得比較積極，家庭的氛圍也轉好了，讓你心情很不錯。注意別因此忙過頭，而帶來健康的問題。

平 **九月運勢：**本月運勢平中帶凶，尤其要特別注意健康上的問題，有可能過去一些身體的警訊都被忽視了，在本月份爆發開來，讓你措手不及。不過這也是一個好機會，重新管理自己的健康，找出問題，對症下藥，未來的路才能走得更長遠。

凶 **十月運勢：**本月運勢不佳，又是一個充滿壓力的月份。要多加留意小人的問題，他們可能放出一些負面消息，使人疲於奔命，又或者是工作起來總是讓你感受到敵意，觀念想法上跟你不同調，讓人崩潰。儘管如此，還是要控制脾氣，冷靜面對，才能平順解決。

平 **十一月運勢：**本月份運勢平吉，風平浪靜的這段期間，唯一要注意的是漏財的狀況。如果這個月份有購屋、與人合夥、投資等等的機會，要仔細看合約內容，評估物件，多方比較，才能避免損失。持續關注自己與家人的健康狀況，則是最好的投資。

吉 **十二月運勢：**本月份運勢大好，職場上某個正在收尾的工作，可以得到很好的績效，為你帶來很不錯的進帳。家庭方面，你會多花心思在除舊布新，貴人運讓你能夠得到好的規劃建議，花一點點錢就能得到不錯的成果，讓你在新的一年有個耳目一新的開始。

肖馬者運勢
（19、31、43、55、67、79歲）

本年整體運勢

今年逢歲破，凡事都必須要小心，除了要提防意外、血光之外，金錢上的損失也容易出現。今年不要做太大的變化，外出都必須要特別地留意，平時不管做任何事情，也要避免衝動、激進的決策。民間建議正月十五前到廟裡安太歲，平時保持低調、謹言慎行，才能在各方面平順發展。

一九四二年（31年）　壬午馬　79歲

雖然逢歲破，但整體運勢還蠻不錯的，也很容易掌握步調，沒有太大的起伏和變化。只要在生活上謹慎小心，交通、行走方面多留意，保持快樂的心態，好好生活，自然就諸事大吉。

一九五四年（43年）　甲午馬　67歲

今年容易受到歲破的影響，必須要特別注意情緒控制的問題，整體的壓力會比較大一些，盡量管好自己的脾氣，避免因為壓力的緣故而導致其他的問題產生，行住坐臥放輕鬆，自然一切都會比較平順。盡量安排在正月十五前到廟裡安太歲、點光明燈，加強自身運勢。

一九六六年（55年）　丙午馬　55歲

算是在這個年度裡屬馬中表現最好的，整體方面來說會有非常亮眼的成績，人際關係、財運等也都比較旺，事業也會有所進展。如果正月十五前到廟裡安太歲、點光明燈，強化運勢，表現將會更好。

一九七八年（67年）　戊午馬　43歲

今年要注意，不太適合做任何的大型投資，也要預防衝動型的消費。一般而言，逢歲破在健康、金錢方面容易有損失，因此雖然你可能看到不錯的機會想要下手，但事實上卻不一定容易賺到錢，漏財的機會很高。建議做任何事情都要小心，審慎評估。

一九九〇年（79年）　庚午馬　31歲

今年是還算平順的一年，在整體方面來說，算是力求平穩中成長，沒有太過劇烈的起伏和變化。不過因為歲破的關係，還是建議保持低調、小心意外血光、口舌紛爭的問題，避免發生不好的狀況。記得到廟裡安太歲，對運勢一定加分。

二〇〇二年（91年）　壬午馬　19歲

整體運勢還蠻不錯的，不管是在學業或是人際關係來說，都算是好的，不過要特別小心留意的是，平時勿太過高調，凡事不要強出頭，量力而為即可，以免與人發生不愉快或摩擦。此外，處在好動的年紀，有關於交通、運動等方面，要稍微注意安全。

每月運勢

（吉）**一月運勢：**本月運勢佳，財運很不錯，有紅包可拿的人應該可以有很滿意的收穫。不過因為今年逢歲破的關係，如果新春期間外出走春、旅遊，都要多加小心交通狀況，建議在本月的十五日之前到廟裡安太歲，讓不好的影響降到最低，確保一年的平安。

（平）**二月運勢：**本月運勢吉凶參半，跟人相處、合作，容易出現緊張關係，甚至會有合作破局的隱憂出現，再加上今年歲破的影響，大大增強負面的力量。不過還好的是，本月貴人運還不錯，有機會緩和局勢。只要你不要衝動、躁進，事情相信都能迎刃而解。

（平）**三月運勢：**本月運勢平穩，是一個獨善其身的時機。可以趁這個機會好好調整自己的步伐，在今年這個年份裡，比較不適合強出頭或太過積極的衝刺，反而可以花點時間學習，累積自我能量與內涵，為自己加值。有機會多行善，累積福德。

（吉）**四月運勢：**本月運勢很不錯，因為受到吉星照臨，你的才華、能力會受到重視，在職場上有發光發亮的機會，事情的進展上也有很不錯的成果。但由於年運的負面影響還是占有一定的比例，謹記低調保守，凡事不要太過張揚。工作上需要外出時，要多注意交通狀況，以免血光之災。

（凶）**五月運勢：**本月運勢低迷，你可能會很堅持自己的一些想法，不輕易讓步，也聽不進別人的話。建議你停下腳步思考一下，是不是你被自己的想法困住了，只看到眼前，別人的建言或許有可取之處。不要太過固執，甚至與人爭執，就能平順度過。

（吉）**六月運勢：**本月運勢有明顯的上揚，先前你跟周遭對抗的狀況已經緩和下來，雖然壓力還是不小，但整體大方向是好的。幫助你的人變多了，團隊裡相處也融洽不少，只要按部就班，就能夠獲得很不錯的成果。如果有出差的機會，外出行車要多加留意。

平

七月運勢：本月運勢平中帶凶，尤其要特別注意血光的問題，工作或家務上操作器械一定要特別留意，外出辦事不論是搭車或者自駕，也都要多留心，以免血光意外的發生。另外，也有小人的問題要留意，但只要平日行事低調，不管閒事，就不會有太大問題。

平

八月運勢：本月運勢平中帶吉。貴人運比上個月有明顯上揚，如果你正計劃跟朋友或者家人去旅行，有機會找到物超所值的行程，讓你玩得很愉快。但因為受到年運的影響，出門在外都要多留意，不要靠近危險的地方，行車走路都要盡量小心，以免發生意外。

吉

九月運勢：本月運勢大好，工作上你有可能被賦予更多的責任，讓你感覺到不小的壓力，但幫助你的人也不少，好好表現，你就能做出自己的高度，連帶的荷包收獲也不錯。不過這陣子要多注意健康的問題，工作之餘也要適度的放鬆，避免積勞成疾。

平

十月運勢：本月份運勢平吉，雖然壓力仍然不小，但不管是工作或者學業上都有很不錯的提升，要特別注意的是小人的問題，平常做人做事多多與人為善，如果有人刻意惹你，也要耐著性子，盡量不要跟對方起衝突，以免被打小報告而遭受損失。

凶

十一月運勢：本月運勢不是很好，你會遇到一些難題，讓你很頭痛。工作上盡量避免過度主觀，堅持己見。退讓並不是懦弱的表現，有時反而能讓事情有所進展。聽到負面消息的時候也不要過度反應，控制好脾氣，就能較平順地度過。本月在財務上也要多留心，會有漏財的可能。

凶

十二月運勢：本月運勢依然較為低迷，尤其在感情方面要多花點心思。有可能彼此之間的價值觀改變了，想法上有許多摩擦，你或許也會感到失望與失落，但建議你，良好的溝通才是長久經營之道。另外，財務的部分也是一個重要的課題，有重大支出，建議暫緩為宜。

肖羊者運勢

（18、30、42、54、66、78歲）

本年整體運勢

今年有龍德福星入宮，運勢非常的旺，吉星高照，貴人運佳，容易有好的機會，唯一要注意的是今年可能有漏財的狀況產生，所謂「羊鼠相逢一旦休，六害主損財」，在這個年份即使整體運勢不錯，也要留意不要做大型的投資。只要掌握這個原則，穩紮穩打，就會有好的成績出現。

一九四三年（32年）　癸未羊　78歲

今年吉星入宮，整體運勢非常的好，不過財務方面注意一下，平時如果偶而想花點小錢犒賞自己無妨，但留意勿做太大的投資，除此之外就沒有太大的問題。保持平常心，有空時出門散心到郊外走走，對身心都有幫助。

一九五五年（44年）　乙未羊　66歲

今年表現還算平順，因有龍德星的緣故，各方面沒有什麼太大的問題，唯一要留意的是有關於金錢方面，假如先前的投資已有獲利，建議是見好就收，不要再趁勢加碼，所謂貪字多一點則變貧，懂得克制才能真正讓財富落袋為安。

一九六七年（56年）　丁未羊　54歲

運勢看起來蠻不錯的喔，是屬羊裡頭最好的一個，而且吉星高照，各方面也有亮眼的表現，不過要特別注意的是，今年不適合做大型的投資，也不要在獲利後持續的投入，盡量是穩定中求發展，發展中求穩定，這點務必謹記。

一九七九年（68年）　己未羊　42歲

今年吉星入宮，有些不錯的機會可以發展，如果是在事業、工作上衝刺的朋友，要利用好的人際關係更上一層樓。至於投資的部分還是建議保守，雖然可能會看到相關的機會，但很有可能不容易看到成果，所以為了避免無謂的損失，最好的做法是專心在工作上，穩紮穩打，就會有好的成績。

一九九一年（80年）　辛未羊　30歲

今年有很強的運勢，讓你在做事情方面會覺得蠻順利的，如果是上班族，不妨利用這一年好好在事業上衝刺。假如是已經自己開創事業當老闆的朋友，建議今年是持平就好，不要投入過多的金錢，這樣就蠻不錯的。

二〇〇三年（92年）　癸未羊　18歲

運勢上在屬羊裡頭算是中上的，正值求學的年紀，可以好好在課業上努力，拓展人際關係的成果也會很不錯。不過記得在休閒娛樂、社團活動方面要避免衝動型的花費，以免造成金錢上的損失。

每月運勢

平 **一月運勢：**本月運勢平穩，但受到今年度吉星高照的關係，再加上新春歡樂的氣氛，讓你心情大好。不過要特別注意的是金錢方面的問題，可能心情一好就出手闊綽，或者在外衝動購物等等，建議你還是要看緊荷包，以免一開春財務就出現問題。

吉 **二月運勢：**本月運勢非常好，工作上你有可能會有一波新的合作機會，因為受到很強的貴人運的影響之下，會帶來有利的消息。如果你想要轉職，也會有不錯的機會出現，可以好好把握。財運也很不錯，有機會獲得一些進帳，但也要小心漏財的隱憂仍在，投資要注意。

平 **三月運勢：**本月運勢平穩，你可以多花一點心思跟周遭的人交心，知道他們對於生活或者工作狀況的真實想法，對於未來各項事務的推動，都會有正向的幫助。此外，也可以好好享受這段悠閒的時光，去學習充電或者健身，都是很不錯的選擇。

吉 **四月運勢：**本月運勢佳，在工作上會獲得一些更好的機會，建議你可以努力去爭取，主動出擊，強勁的貴人運是最好的後盾。你也可能會因為工作的關係接觸到新的客戶，建立新的人脈，對未來的發展都有很正面的助益。如果是家務方面的問題，也有機會得到強而有力的幫手來為你解決困難。

吉 **五月運勢：**本月運勢非常好，做起事情來會有如神助，彷彿全宇宙都在回應你的需求，要人有人、要資金有資金，更有可能在這個月份升官加薪。不過機會多也意味著你需要承擔的事情也變多，壓力自然是不小的，不過這是一個只要努力就會有獲得的月份，好好衝刺吧。

平 **六月運勢：**本月運勢較為平順。雖然不再像上個月那樣紅不讓，但這個月份依然還是很不錯的，穩定中有發展，壓力之下會有所成長。唯一要注意的是金錢的問題，雖然努力工作就能獲得相應的進帳，但支出也不少，要小心評估，以免入不敷出。

（平）**七月運勢：**本月運勢中下，要特別注意小人的問題。可能有一些突發狀況需要你去處理，像是一些同事留下來的爛攤子等等，讓你不是很開心，卻非做不可，心理的壓力也不小。但還好你整體運勢是很強勢的，最終都能獲得良好的解決，成果也不錯喔。

（平）**八月運勢：**本月運勢中上，平穩中帶著好運。貴人運還是相當強，如果有想要達成的目標，在本月份也可以努力去規劃與執行，外在環境會帶給你許多的幫助，不管在人際經營、工作職場，甚至感情發展上面，都會有不錯的收穫。好好把握。

（凶）**九月運勢：**本月運勢不佳，尤其要注意人際交往的問題，記得時時審視自己的想法，是不是可能自己太心急、太躁進，而容易跟周遭的人產生摩擦，又或是容易太過堅持己見，聽不進別人的話，這些都會為你帶來危機。如果能理性評估情勢，做出改變，一定可以平順度過。

（吉）**十月運勢：**本月運勢極佳。各方面的機運都很不錯，也能感覺到自己有一些野心，這段時間夥伴能給你很大的助力，可以好好把握機會，開創一番局面。不過也要特別注意有些人正在暗中盯著你，凡事盡量不與人起衝突，無關緊要的事情就忍讓，事情會更順暢喔。

（凶）**十一月運勢：**本月運勢不佳。尤其感情方面容易發生問題，有可能過去很長一段時間你都專注在工作上而忽略了另一半，到這個時間點先前隱藏的問題就可能浮上檯面。不過如果能趁此機會好好談一談，也是一個很不錯的方式。總之，要謹慎面對處理。

（凶）**十二月運勢：**本月份運勢依然很低迷，可能年關將近，有很多事情一下子突然湧上，讓你感到很浮躁，凡事總要花很大的力氣去爭取，還不見得有進展，這讓人也充滿挫折跟孤獨感。建議你，在此運勢不佳的月份，盡量別強出頭，也別太強求，因為你的貴人運依然很強，放寬心，事情都會得到解決的，

肖猴者運勢

（17、29、41、53、65、77歲）

本年整體運勢

本年度因為有白虎星入宮，凡事要特別留意預防血光，無論是騎車開車、工作場合、運動走路，或是參加各方面的活動，都要小心安全，也要避免行事衝動，或因想法觀念的差異而與他人爭執，以和為貴。習俗上正月十五前到廟制白虎、點光明燈，盡量讓諸事順利。不過還好今年有三合吉星，所以在財運、貴人運、事業運等方面算是不錯，切記只要行事謹慎，自然逢凶化吉。

一九四四年（33年）　甲申猴　77歲

今年要特別注意健康方面，無論是出入、行走等，都要小心跌倒或受傷，甚至因此而導致金錢的支出。身心方面維持積極正面，行事多加小心，記得正月十五前到廟制白虎、點光明燈，讓一切平安。

一九五六年（45年）　丙申猴　65歲

整體運勢看來還蠻不錯的，在屬猴裡頭算好的，尤其人際關係來說是有進展的一年，因此建議在這個年度裡，可以出門走走，參加一些社團活動，認識新朋友們，多經營人脈，對於工作的發展或開創事業第二春，都有好的助益，當然也可以好好享受退休生活，輕鬆度日。

一九六八年（57年）　戊申猴　53歲

今年要特別小心血光與金錢支出，在交通方面，騎車、開車，甚至外出運動都要留意，避免因為受傷而有相關花費。還好有吉星入宮，貴人運還不錯，只要行事謹慎，各方面來說稍微注意小心，就可以避免問題的產生，把損失減到最低。

一九八〇年（69年）　庚申猴　41歲

運勢相對持平的一年，人際關係的拓展也不錯，算是在穩健中求成長，但是要留意有白虎凶星，造成血光意外的狀況，建議正月十五前制白虎，把影響降到最低，各方面就會比較順利。

一九九二年（81年）　壬申猴　29歲

整體來說蠻不錯的，無論是從人際關係、財運等方面來說，都算是好的，機會也比別人要更多，更容易掌握到狀況。今年要好好把握，繼續努力，加上有貴人的幫助，自然有亮眼的成績。不過努力之餘，也是要留意健康、交通方面的問題，記得到廟裡制白虎，以避免不好的狀況。

二〇〇四年（93年）　甲申猴　17歲

今年看起來在功課、學業方面還不錯，但相對來說意外受傷的機會可能稍微大一點點，建議平時活動、運動時要小心，避免因碰撞而導致受傷，稍微留意一下就沒有太大的問題。

每月運勢

凶 **一月運勢：**本月運勢不佳，一開年你就面臨許多挑戰，是比較辛苦的月份。不過如果問題一來就馬上擺出戰鬥架式，對自己的情勢會更不利喔，尤其今年有白虎凶星入宮，更要特別留意，盡量避免衝動與衝突，記得正月十五日之前到廟裡制白虎，以保平安。

平 **二月運勢：**本月運勢堪稱平順，受到吉星入宮的影響，財運還不錯，可能會有一些額外的進帳，但建議你還是要做好理財，因為有凶星的影響，暗示著破財的可能，上網購物或外出逛街時，付款之前請多想一下，避免不必要的開支。出入也要注意安全，以免血光意外。

吉 **三月運勢：**本月運勢大好。職場上會有很好的表現，因為貴人的幫助，讓你更具有能見度，如果平時有好好努力，這段期間你的實力就會被看見，受到賞識。同時財運也是很不錯的，有機會獲得額外的賺錢機會，或領到獎金。趁著好運勢穩紮穩打的前進吧。

吉 **四月運勢：**本月運勢吉中帶凶。一方面你的貴人運依然很強，做事情有人幫襯、有人罩，合作夥伴也都優秀。但另一方面，內部還是有一些矛盾存在，如果以硬碰硬的態度來面對，最後可能會導致兩敗俱傷，而且因為白虎星的關係，還可能導致血光意外。因此，本月的課題是管好自己的脾氣，冷靜以對。

平 **五月運勢：**本月運勢平吉。雖然在做事上面感覺不是很施展得開來，但還是有一些緩步上揚的態勢，這段期間容易受到來自長輩與上司方面的壓力，但他們可能是因為看重你，所以對你的期望特別高，如果能夠把握機會好好努力，相信也會有很好的收穫。

平 **六月運勢：**本月運勢平穩。財運不錯，但需要你付出相當的努力，才能獲得，是一個有勞有獲的狀態。除此之外，白虎凶星的影響仍在，凡事要小心專注，外出或工作上，尤其使用器械或者交通工具時更要多加小心。尤其不要邊走邊玩手機，很容易發生血光意外。

凶 **七月運勢：**本月運勢中下，小人帶來的問題會是主要的困擾，如果你正在執行一個重大的案子，人際交往方面更要多加注意，做事態度上不要太過強勢，話說出口前先三思，以免無意中得罪人，而遭到小人暗害。只要注意這點，就不會有太大問題。

吉 **八月運勢：**本月運勢非常好。一些先前擔憂的事情、有所顧慮的情況，都會因為有貴人來聲援你，而讓你變得更有信心，連帶也使得事物的推展像加了油一樣，更快速的運轉起來。本月份有可能獲得很不錯的財運，只要時時多留心安全問題即可。

吉 **九月運勢：**本月運勢依然高漲。你要多留心的是健康問題，有可能因為工作太拚，或者因為過度疲勞而造成一些意外、受傷的狀況，要特別留意。另外，有一些小人的問題可能會困擾你，不過由於這個月的運勢很強，只要別衝動行事，凡事都能順利。

凶 **十月運勢：**本月份可能在感情上遇到一個新的對象，但過程似乎不太順利，相處上可能會有一些問題。希望你能撥出比較多的心思來謹慎處理，不然這個月份的感情問題，恐怕會連帶影響到你的財運，進而帶來損失，一定要特別注意。

吉 **十一月運勢：**本月運勢極佳。吉星會為你帶來一些好的機緣，工作上會有一些調整，但長期看來還不錯，尤其有貴人的相助，會有比別人更多的好運。只要記得凡事不要隨便發作，衝動行事，就不會有太大問題。財運的部分也很值得期待。

平 **十二月運勢：**本月份運勢平平。因年關將屆，可能會有比較多外出的機會，記得多加注意交通狀況，不要匆匆忙忙地騎快車，走路要注意腳步，以避免受傷意外發生。另外購物方面最好先做計劃，雖然努力一整年，讓你有種想要犒賞自己的心情，但還是要多加衡量，以免透支。

肖雞者運勢

（16、28、40、52、64、76歲）

本年整體運勢

今年整體運勢來說不錯，有顆非常好的福德吉星入宮，運勢強，無論是在工作上、財運上來說，都容易有貴人輔助，使得做事順利，如魚得水。雖然看起來收穫很不錯，不過建議行事還是要懂得低調，見好就收，不要有太大的投資，以避免後續無謂的損失。再來就是心態上要海納百川，切勿因為一點閒言碎語就跟人起爭執，這樣才會有穩定的環境來創造實質的成果。

一九四五年（34年）　乙酉雞　76歲

各方面還算持平，健康方面也沒有太大的問題，多加小心避免出狀況就能保平安。不過今年在人際關係方面要留意一下，可能會碰到稍微讓人不開心的情形，但謹記退一步海闊天空，保持平常心，一切自然順利。

一九五七年（46年）　丁酉雞　64歲

整體狀況基本上很不錯，在屬雞裡頭算最好的一個，像是健康、事業、財運等都能維持在好的狀態。

如果生活上碰到不同的意見與批評，不妨耐住性子多聽聽，如果有道理的就採納，無的放矢的言論聽過就算，可以避免無謂的爭執。

一九六九年（58年）　己酉雞　52歲

今年在人際關係方面容易出現起伏，比較會有爭執、摩擦的狀況產生。不管是別人有意或無意的一些言論，有可能會讓你覺得刺耳、心裡不舒服而產生紛爭。其實今年有吉星入宮，如果可以多耐住性子，行事謹慎保守穩健一點，相信最終還是會有好的成果。

一九八一年（70年）　辛酉雞　40歲

整體運勢來說算是中上，像是健康、財運、事業方面都還不錯，壓力也沒過去那麼大。只要在人際關係的經營上面稍微盡點力，讓吉星發揮正面的作用，減低不好的狀況發生，就可以好好拓展事業。

一九九三年（82年）　癸酉雞　28歲

今年運勢還算不錯，最主要的課題就是要提升自己的穩定性，行事不要流於急躁，強求表現，也避免與他人產生口角爭執，導致影響人際關係，這方面注意一下，還是可以有亮眼的表現機會。

二〇〇五年（94年）　乙酉雞　16歲

今年面對的壓力會較大些，有可能是所處的環境變動的緣故，或是人際、學業等問題，以至於有摩擦、爭執的狀況，建議調整情緒，多聽少說。還好今年有顆福德星，不好的狀況還是能圓滿化解。

每月運勢

(平) **一月運勢：**本月運勢平穩，可以趁此機會好好享受新春假期，尤其今年受到吉星高照，連帶也讓你心情變得很愉快，做起事情也更有勁，好好把握機會多多努力，相信成果是很甜美的。唯一要注意的是金錢的問題，好好規劃，把可能漏財的地方堵住，就不會有太大問題。

(凶) **二月運勢：**本月運勢較低迷，雖然年運很好，這可能也有不少好機會降臨。但因為受到凶星的影響，你可能會過於強勢，陷在自己的主觀意識裡，甚至表現得不盡人情，建議你多多傾聽，廣納意見，用寬容的態度取代爭執，你的收穫會更多喔。

(吉) **三月運勢：**本月運勢極佳。上個月的壓力到這個月份有了轉機，拜強大的貴人運所賜，你先前所面臨到的難題，不論是家庭或是事業方面，都有機會得到解決。如果有新的計劃開啟，你也有機會加入優質的團隊，或者得到很不錯的合夥人，好好把握。

(吉) **四月運勢：**本月運勢更加強勁。延續上個月的好運，尤其在財運上更為明顯。先前的投資可能會有一些獲利，或者損失的缺口終於縮小了，讓你鬆了一口氣。而各方面事物的推展也都因為貴人的協助，而有很好的進展，只要各方面與人為善，運勢就能更暢旺。

(平) **五月運勢：**本月運勢平吉。雖然各方面運勢沒有先前那麼旺，但整體而言還是很不錯的。把握這段時間，穩穩的做也能有好成績，同時也帶來不錯的財運。悠閒的時光，也可以安排出遊或者闔家同樂，不僅家人感情可以更加溫，你也能因為家庭的幸福感，而更愉快。

(平) **六月運勢：**本月運勢依然是平順的狀況。在吉星籠罩之下，保持輕鬆的心情，穩紮穩打即可。也可以安排一些學習活動，在期間認識的朋友與新的人際關係，可能會為你帶來不錯的助益。藉著今年不錯的貴人運，在各方面只要努力，都能有很不錯的成就。

凶 **七月運勢：**本月份是屬於吉中帶凶的運勢。一方面你的貴人運非常旺，與人合作方面都能獲得很不錯的成果，夥伴也都很給力。但另一方面也要特別注意小人的問題，只要你保持低調，凡事不要太張揚，就能避開。外出工作也要注意，容易遇到血光意外，小心為宜。

凶 **八月運勢：**本月運勢也是吉中帶凶的狀況。你很容易跟人意見分歧，甚至可能發生激烈的爭執，影響到事情的發展。甚至你在網路上發言也會跟別人脣槍舌戰，搞得自己很不高興。不過，還好受到吉星的關照，只要你適可而止，不要鑽牛角尖，都能獲得解決。

凶 **九月運勢：**本月運勢也是吉凶參半，有伴的人如果過去你沒有好好正視你跟伴侶之間的問題，現在你可能會發現狀況有點棘手。沒有伴侶的人，你有可能認識新的對象，但交往過程感覺卡卡，你可能要多花點時間再評估。不過，由於貴人運很強的關係，只要耐心處理，都能獲得解決。

平 **十月運勢：**本月運勢平平。如果你已經很久沒有體檢了，或者感覺身體似乎有些問題，建議你安排一次徹底的檢查，好好關注自己的健康問題。工作或家務上，你也有一些壓力，可能是進度緩慢或者不盡如意，本月份宜順其自然，不須躁進，自然圓滿。

凶 **十一月運勢：**本月運勢不佳，受到凶星的影響，心情就像脹滿氣的氣球，別人一戳就爆炸，導致身邊的人也都備感壓力，對於工作的進行卻沒有幫助。甚至還因為這樣帶來金錢上的損失，可謂得不償失。建議你要多注意自己的脾氣，凡事寬心以對，一切就能逢凶化吉。

吉 **十二月運勢：**本月運勢上揚，貴人運很強的這個月份，財運也跟著提升。過去如果有金錢的困擾，這個月都有機會，因為貴人的幫助而得到解決。上班族則有機會獲得意料之外的獎金，讓你開心迎接即將到來的新年。

肖狗者運勢（15、27、39、51、63、75歲）

本年整體運勢

屬狗的朋友今年度有天狗星入宮，要特別注意發生像是受傷、車禍、意外、血光等狀況，因此外出或是騎車、開車，工作的場合等都要多留意。民間傳說天狗星是凶星，建議正月十五前到廟裡制天狗，以減低不好的影響。除此之外，整體而言算是持平，雖然沒有特別亮眼的成績，但也都維持在尚可的階段，建議是在穩定中求成長。

一九四六年（35年）　丙戌狗　75歲

今年運勢看起來是好的，退休的朋友生活平順，人際關係也拓展得不錯，工作事業上如果還在拚搏的朋友，也是有一定的表現。其實以今年來說，平穩就是幸福。

一九五八年（47年）　戊戌狗　63歲

整體運勢來說，必須要特別的小心，因為這個年度容易出現漏財的機會，剛退休可能手上有閒錢，如果遇到投資的機會，盡量是保守因應。出外時也多加小心，避免一些意外狀況發生而導致無謂花費。建議正月十五前到廟裡制天狗，一切都會比較順利。

一九七〇年（59年）　庚戌狗　51歲

這個年頭運勢算是比較持平的狀態，大方向來說尚可，沒有太大的起伏與變化，算是在平穩中求成長，因此要避免暴衝，謹慎以對，時常保持快樂的心情，沒發生什麼事其實就是好事。

一九八二年（71年）　壬戌狗　39歲

正值壯年，整體運勢來說非常的不錯，在財運、事業、工作運來說都算是中上的階段。工作上稍微有點壓力，時間抓得比較緊一點沒有關係，戮力以赴才能展現亮眼的成績。其餘的部分就是騎車、開車的時候務必小心，避免有受傷的狀況。

一九九四年（83年）　甲戌狗　27歲

在屬狗的朋友中算是壓力比較大的年份，也許是所處的環境所帶來的影響，有點被壓抑的感覺，而導致容易急躁、衝動，建議要調整心態，正向面對。記得正月十五前到廟裡制天狗，平時多加小心，以減低負面的影響，會對自己更有利。

二〇〇六年（95年）　丙戌狗　15歲

整體方面來說很不錯喔，不管是學校的課業或是人際關係都很好。當然，青少年時期比較活潑好動，小細節注意一下，不管是打球也好，其他休閒活動也好，都要注意安全，才能過得幸福快樂。

每月運勢

吉 **一月運勢：**本月運勢相當不錯，有紅包可拿的人，相信都能夠荷包滿滿。上班族的部分，事業上有貴人扶助，是一個可以好好衝刺事業的月份，貴人將為你帶來新的人脈、機運，值得好好把握。不過今年由於有凶星的影響，在外奔走時一定要特別小心，避免血光意外的發生。

吉 **二月運勢：**本月運勢依然很強勢，延續上個月的好運，工作上不管是你負責規劃的案子，或者要與人協商，都能占到一個有利的位子，且關鍵時刻會有人挺身幫忙，所以這個月也值得努力好好再下一城。不過，你也可能會有一些購物慾望，記得看緊荷包，否則容易漏財。

凶 **三月運勢：**本月運勢較低迷，跟人之間的溝通變得不順暢，可能會出現一些矛盾，不管是在社交場合或者職場上面，都讓你覺得不是很順心，事情都往反方向走，讓人忍不住就爆氣。建議你收斂脾氣，冷靜面對，盡量不要跟人起衝突，嚴重時甚至會造成意外血光，得不償失。

平 **四月運勢：**本月運勢平平，上個月的緊張局勢終於緩和下來，讓你有一種鬆了一口氣的感覺。由於受到年運凶星照臨的影響，容易有一些突發狀況，建議這段時間可以多參加公益活動，有機會多行善事以累積福德，對自己的運勢也會帶來正向的提升。

吉 **五月運勢：** 本月運勢大吉。處理事情的能量變得比較強大，就算遇到一些困難，也都有足夠的智慧去解決，一方面也得力於強大的貴人運，總是能給你臨門一腳的幫助。財運的表現也很亮眼，好好把握機會，將會得到很不錯的收穫。避免受傷與血光意外，仍然是你的重要課題。

凶 **六月運勢：**本月運勢不佳。你在與人的相處上會遭遇到一些難題，跟朋友或者同事之間會產生一些摩擦跟不愉快，甚至有可能發生爭吵。建議在發作之前先停下腳步想一想，究竟是別人有問題？還是自己太鑽牛角尖？又或者是否值得為這樣的事情而傷害友情？謹記，退一步海闊天空。

平 **七月運勢：**本月的運勢吉中帶凶，貴人運在這個月份會發揮很強大的作用，讓你做起事情來在心理上很篤定，實質上也能有很好的成果。不過因為有凶星的作用，這個月份要特別注意自身的安全，一不小心就會有意外血光發生。凡事不要衝過頭，凡事謹慎，也能避免小人暗害。

吉 **八月運勢：**本月運勢相當旺。強大的貴人運會幫你解決困境，如果先前有一些瓶頸，本月份也將能順利解開。貴人運會為你的工作開展出一個值得期待的新局。這個月份的亮眼表現會受到注目，如果過去半年來有好好努力的話，更有可能獲得升官加薪的機會。

吉 **九月運勢：**本月運勢不佳。跟上個月比起來，更能明顯感受到壓力。可能跟你一同工作的人不夠專業，或者夥伴之間意見不合，這些讓人煩心的狀況，可能間接影響到你的健康，要多加留意。另外感情方面也可能生變，或是陷入漩渦中，都是要小心面對的課題。

平 **十月運勢：**本月運勢平穩，雖然如此，但還是有些問題要特別注意。工作上人際交往方面要多花一些心思，說話、做事要低調，否則會造成有人打小報告或者散布關於你的負面消息，造成困擾。除此之外，健康方面也要多小心，有不舒服的狀況要盡早就醫。

平 **十一月運勢：**本月運勢平平。真正風平浪靜的一個月，可以趁機好好休息一番，如果有想要休假、出遊，建議盡早規劃，也不要安排得過度勞累，以免匆忙之間或者疲勞行車造成意外狀況。財務方面則有漏財的可能，做任何消費或者投資，付款之前都要多想一下。

凶 **十二月運勢：**本月運勢不佳。這段期間的情緒起伏有點大，與人相處上，比較聽不進別人的意見，這就讓你常常感到很挫折，甚至有種被排擠的孤獨感。如果想要突破這樣的困境，只要放下過強的主觀意識，多聽別人的意見，你會發現其實收穫還不少。

肖豬者運勢

（14、26、38、50、62、74歲）

本年整體運勢

屬豬的朋友今年病符星入宮，既然叫做病符就是對健康方面有影響，因此要特別注意自己的身體、運動、飲食狀態。工作上今年可能想要積極衝刺，但是要特別注意健康，避免積勞成疾。而除了自己之外，長輩、家人的健康也要留意一下。只要注意身體，多加保養，就能保持好的狀態。

一九四七年（36年）　丁亥豬　74歲

整體的表現蠻不錯的，是屬豬裡頭最好的一個，生活上幸福快樂，各方面也沒有什麼太大的問題。注意身體健康，維持運動的習慣，對你來說就是好的。

一九五九年（48年）　己亥豬　62歲

這個年齡基本上來說就是到了退休的階段，不過不管是退休幾年了，或是還在打拚事業，其實都要特別注意健康方面以及投資的問題。今年病符星進來，要避免兩個情況，一個就是在投資方面容易出現漏財的機會，另外一個就是因為健康方面的因素造成金錢的損失。建議是維持保守穩定，除非是非常確定的機會，否則盡量不要投資，以免造成損失。

一九七一年（60年）　辛亥豬　50歲

今年是一個持平的狀態，事業上應該還是衝刺的年齡，要注意的就是健康方面，要避免可能因為工作上機會多了、成績好了，結果太過投入而導致相關的問題產生，這個部分如果能夠留意的話，讓事業工作與身體健康兩者都得以兼顧，才能在平穩中更成長。

一九八三年（72年）　癸亥豬　38歲

整體運勢方面來說表現得還蠻不錯的，特別是在事業、人際方面關係，都展現了很好的成績，算是在屬豬裡面比較好的，尤其是工作運方面更是名列前茅，不過建議今年因為病符星的關係，不要因過度投入工作而導致健康上出狀況，要多加留意。

一九九五年（84年）　乙亥豬　26歲

今年在工作運、財運各方面表現算是中等，不過在屬豬裡面算是壓力比較大的，可能是因為大環境的影響，或是本身想法的影響，也有可能是過於投入工作導致身體出毛病。其實來日方長，要懂得自我調適，避免帶來過大的壓力。

二〇〇七年（96年）　丁亥豬　14歲

功課、學業、人際關係表現得都很不錯。求學的年紀雖然課業重要，但也要懂得適時放鬆休閒，有時候出門走走，看看青山綠水，再靜心讀書說不定成果更好。

每月運勢

平 **一月運勢：**本月運勢吉凶參半。好的部分是你的貴人運很不錯，能帶來一些不錯的機會，如果你想要招兵買馬，也能得到不錯的夥伴。不過比較不好的部分是，這個月份也容易跟人起爭執，不太聽得進別人的意見。建議且放寬心，也能避免過度激動而造成健康問題。

吉 **二月運勢：**本月運勢極佳。可以趁這個機會好好檢視自己的身體狀況，因為健康是你今年最大的課題。趁著貴人運暢旺的時候，有機會因為貴人的幫忙而獲得品質好又實惠的體檢方案。另外財運的部分也很不錯，先前的投資可能獲利，或是有加薪的機會喔。

平 **三月運勢：**本月運勢平平，悠閒的這個月份，可以花點時間做好健康管理，也可以跟家人一起安排運動活動，一方面促進健康，一方面也可以讓家人之間的感情加溫，一舉兩得。工作上只要按部就班，不要過度勞累，作息正常，就不會有太大問題。

凶 **四月運勢：**本月運勢較差。有一些比較棘手的突發狀況需要你來解決，煩躁之下就可能跟同事、朋友產生一些摩擦，鬧得不愉快，或者處理的過程中跟對方意見不合，進而發生爭執。建議你不要把太多的壓力放在自己身上，感覺煩躁時先深呼吸，不要馬上生氣，事緩則圓。

平 **五月運勢：**本月運勢平穩，外在環境恢復到一個比較穩定的狀態。沒有大風大浪的月份，你可以休養生息一番，做一些舒壓的活動，像是靜坐、瑜珈等等，對於健康有正向的助益。也可以找機會多參加慈善活動，廣積福德，對於運勢的提升也都很有幫助。

吉 **六月運勢：**本月運勢極佳。工作上會有一些好機會，你能感覺到自己充滿鬥志，也期待認識新的朋友與新事物。趁著本月旺盛的貴人運，好好去努力一番，追求自己的目標，將會有滿意的收穫。財運方面也可望有好消息，帶來不錯的挹注。

凶 **七月運勢：**本月運勢不佳。尤其財運的部分相較於上個月有很明顯的衰退。建議你如果有新的投資項目，或者與人有金錢上的往來，都要多加留意，如果可以避開這個月份，就盡量避開，移到下個月再進行對你比較有利。另外，如果有機會認識新對象，先別太躁進，好好觀察與相處一陣子再做決定。

平 **八月運勢：**本月運勢平吉，很多事情默默都能得到許多人的幫助，所以如果你有新計劃要啟動，本月份是一個不錯的時間點，有機會得到有力人士的相挺。不過可別忙過頭了，還是要規律作息、多運動，以免身體出狀況。

平 **九月運勢：**本月運勢平順，是一個相對輕鬆的月份。工作上穩定中求發展，行事盡量低調，與人為善，以避免招惹小人，帶來不必要的麻煩。因為年運凶星的影響，健康方面也不能掉以輕心，不管是自身或者家人的健康都要多花心思關注，就能平穩度過。

凶 **十月運勢：**本月運勢不佳。這個月份你的脾氣不太好，有可能外在環境讓你很浮躁，或者是你急於處理一些事物，因此讓你變得很堅持己見，而不太能顧及別人的感受，很多衝突就從這裡產生。建議你把眼光放遠，做好情緒管理，多聽建言，避免無謂的爭執帶來的傷害。

吉 **十一月運勢：**本月運勢大好。你感覺到自己有所蛻變，變得更加受到矚目。手上推動的事項可能獲得很不錯的進展，貴人很多，同事、朋友、上司長輩都可能帶來幫助與好消息。不過也可能因此應酬或飯局增多，工作量也大增，雖然成果不錯，但健康方面還是要好好守護。

吉 **十二月運勢：**本月運勢非常好。貴人運更勝上個月份，凡事都有人會在關鍵時刻出手相助。長久以來擔心的事情或者卡關的狀況，在本月份都可望獲得解決，無疑是年關前的好消息。而持續地努力更可能帶來相當不錯的財運，讓你在年終的時候得到值得期待的意外收入。

二

開運農民曆

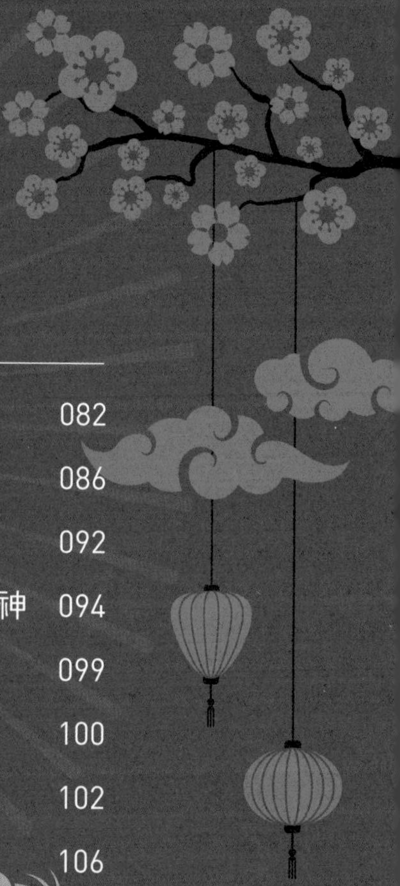

如何看懂農民曆

「農民曆」是台灣民間流通最普及的曆書，過去人們依照農民曆的時序原則進行農事，也以農民曆中的「行事宜忌」、「每日吉凶」作為日常行事的準則。

農民曆的由來已久，早期為了配合農業社會的行事，中國歷代都會由官方根據觀測天文運行的結果，統一頒訂曆法，作為農事作息的主要依據，稱做「官曆」。而各朝的曆法編制有所不同，現今使用的陰曆最早可以追溯到夏朝時期，經過了不同朝代天文官員的修訂後，才成了現今我們所使用的陰曆。

民國之後頒行陽曆，現今台灣所行的曆法每年由中央氣象局統一頒布，由於民間仍然根據陰曆行事，所以中央氣象局所編的日曆資料表是採取新舊曆對照的方式。而現今流通的農民曆，也是陽曆與陰曆並立，是陰陽合曆的形式。

以配合農事而訂立的農民曆，到了今日由於機具與栽種技術的進步，作為農事依據的功能已不再那麼重要了。但是其中的每日吉凶、行事忌宜等傳統風水命理的內容，仍然是人們行事的重要依據。現今的農民曆經常結合了民俗、傳統知識與曆法，是每個家庭必備的生活小百科。

農民曆是古代制訂來讓農民在農耕時有所依循的曆法，所以稱之為農曆。漸漸演變到後來，又加上了傳統陰陽五行、天干地支、易經等等的思想，幾千年來已經成為人們日常行事的重要依據了。不過，也就因為融入了許多命理上的專業知識，讓現在的農民曆看起來十分的艱深難懂，因此要瞭解農民曆，就要先了解每個欄位代表的意義，接著就能輕鬆使用農民曆了。

農民曆「每日宜忌」各欄說明

西曆年份 國曆月份	國曆日期	節氣
	星期	
	節日 佛神誕辰 吉凶神 附註	
農曆月份 甲子 月令 月煞方	農曆日期	交節氣時間
	干支	
	五行	
	十二值位	
	宜忌	
占十二月節候豐稔歌	宜忌事項 節前：指逢節氣時，指節氣時間之前的宜忌 節後：指逢節氣時，指節氣時間之後的宜忌	節氣說明
每日胎神占方	每日胎神占方	
每日沖煞年齡	每日沖煞年齡	

農民曆「每日宜忌」實例

二〇二〇年 國曆二月小	19	雨水
	星期三	
	天德合	
農曆一月 丙寅 端月 煞北方	廿六	午時 12時57分
	壬辰	
	水	
	滿	
	宜	
立春最喜晴一日，元旦景雲光齊天 雨水連綿是豐年，農夫不用力耕田	宜 祭祀、祈福、出行、納采、問名、嫁娶、移徙、解除、修造動土、豎柱上樑、開市、立券、交易、納財、安葬	斗指壬為雨水，時東風解凍，冰雪皆散而為水，化而為雨，故名雨水。 節氣諺語：雨水，海水卡冷鬼。 雨水時節雖已入春，但溫度仍低，海水摸起來還是非常冷冽。
每日胎神占方	倉庫栖 外正北	
每日沖煞年齡	沖狗 15歲 煞南	

各欄位所代表的意義解釋

❖干支：

「**天干地支**」是自商朝開始即有的記年、記日方式，以「十天干」（甲乙丙丁戊己庚辛壬癸）與「**十二地支**」（子丑寅卯辰巳午未申酉戌亥）相配，每六十年為一個循環。

❖五行：

「**五行**」指「**金木水火土**」，傳統命理認為宇宙中的萬物都可以被區分為這五個屬性。農民曆中所表示的五行，背後代表的其實是較為複雜的「**六十甲子納音**」，各種天干地支的組合代表了各種屬性的「**五行**」，對論命者而言具有參考作用，但對一般人而言用途則不大。

❖十二值位：

代表的是十二個「吉凶神」（**一建**、**二除**、**三滿**、**四平**、**五定**、**六執**、**七破**、**八危**、**九成**、**十收**、**十一開**、**十二閉**），每日的值神不同，適合做跟不適合做的事情也不同。

❖用事批註宜忌：

這欄裡面，主要是根據**干支日**、**五行**、**十二值位**，再加上其他比較複雜的命理概念，歸納出來在這一天裡面可以做的事情跟不宜做的事情，整體標註出來，這是目前人們從事重要活動時最方便參照的資料，是最實用的欄位。

❖胎神占方：

指每日**胎神**所在的地方。在民間信仰中，**胎神**是掌管胎兒生長的神明。每日胎神所在的位置都不相同，原則上多在屋子裡外，孕婦活動的範圍內。民間認為每日胎神所在的地方，所有的人都不可冒犯，否則會影響胎兒的生長，嚴重時甚至會造成流產。

❖沖煞生肖、年齡、方位：

指每天會沖犯到的生肖、年齡與方位。被沖煞到的人最好不要出現在任何重要的場合，像是嫁娶、出殯等，不僅本身可能會遭到無妄之災，也可能讓正在進行的事情，沒有辦法順利舉行。「**煞方**」則指當日凶神所在的地方，不管今天要做什麼事，都要盡量避免往該方向活動，以免沾染不好的氣場，影響事情的順利進行。

❖每日財喜方位：

指每日**財神**跟**喜神**所在的方位，如果想要沾喜氣或是獲得財運，可以在每日出門時先往財喜方位走，比較容易獲得好運道。詳細用法請參照本書**擇日與擇時**單元。

❖每日吉凶時：

這是指這一天裡面由**吉神**所掌管的時間。在傳統的命理觀念中，好日子裡也有**吉時**與**凶時**的區分，若希望事情能進行順利，除了挑選好日子，最好也要選在吉時來進行。

重要名詞解釋

農民曆自古以來就是人們用來參照**日常行事**、**斷定吉凶**的重要根據。農民曆的編著由來已久，加上後世不斷的增補，因此在**用事名詞**上面也出現許多不同的版本。

目前流傳下來的農民曆，主要都是根據舊時社會的環境與情況所寫，不管是哪一個版本，裡頭使用的部分名詞，與我們今日所慣用之用語大不相同（**例如「經絡」代表「織布」、「鼓鑄」代表「冶煉金屬」**）。大多數的人看不懂這些名詞所代表的事件，使用農民曆時就會遭遇困難。

為了讓讀者瞭解農民曆之用語，底下將根據**清朝**時期曾由朝廷統一列舉的「**通書六十事**」，進行每個用語的解說，並且根據性質加以分類，加上現代行事的附註，方便瞭解與使用。

本書對農民曆用語的篩選

農民曆上面所列舉的行事對古人而言，都是需要慎重處理，甚至在舉行前要進行儀式的事情。但就目前社會發展來看，有許多已經是**不合時宜**。因此底下雖然針對大部分的用語做解釋，但在本書的「用事宜忌」中，**將僅列舉在現代社會中仍須擇吉進行的重要事項，以方便讀者使用。**

❖祭祀類

祭祀：祭祀祖先（或好兄弟），或祭拜神明等儀式。這裡的祭祀指的是節日或例祭之外的祭祀活動，例如建醮、大船下水等等祭祀活動，或擺放制煞物品也可以選擇宜祭祀的日子。

祈福：祈求神明保佑平安或者許願還願的事宜。

求嗣：向神明祈求子嗣的祭拜儀式。

冠帶：這是指傳統上年輕男女的成年儀式。

❖政事類

上冊受封：接受皇帝的賞賜。

上表章：古代臣子將奏章上呈君主。

襲爵受封：中國古代是封建社會，早在西周時期就有爵位的分封，雖然之後各朝代的規制不同，但一般來說，爵位都是由長子繼承原有的爵位，而其他的孩子則分封為低三階的爵位。此處的襲爵受封，就是指嫡長子繼承爵位與其他子嗣受封爵位的受封儀式。

上官赴任：新官上任，就職典禮。

臨政親民：皇帝或官員聽取政事、下鄉視察。

❖日常行事類

會親友：探訪友人、親戚，或者聚會。

入學：拜師學藝、求取手藝。

進人口：收養子女或聘納員工等。

出行：指遠行、出國觀光及旅行等。

移徙：搬家，遷移住所。

重要的祭祀活動，也需要慎選宜祭祀的日子。

遠迴：指長距離的往返，例如歸寧。

解除：進行解災厄、除穢的儀式，或者將制煞物品由懸掛擺放處取下。

安床：包括安新床與安舊床。

安新床：像是結婚或者新屋在入宅時，都要選擇時辰安置床鋪。

安舊床：是指可能因運勢不佳想改換方位，而重新安放床鋪的事宜。

沐浴：清洗身體，特指為重要事件而齋戒沐浴。例如主持重要儀式，或是跟隨神明遶境。

剃頭：初生嬰兒剃除胎毛，或削髮為尼。

整手足甲：初生嬰兒首次剪手足甲。

求醫療病：看醫生、治病，或者開刀。

療目：治療眼睛的疾病。

針刺：針灸之類的醫療行為。

乘船渡水：搭船過河、過江、遊湖等等。

嫁娶：指舉行結婚迎親儀式的日子。

❖婚姻類

結婚姻：議定婚事，兩家人締結婚姻之事。

納采問名：指受授聘金，俗稱完聘。

嫁娶：指舉行結婚迎親儀式的吉日。

裁衣：分為兩種，一為裁製新娘禮服，另一個是為病重的老人做壽衣。

❖**建築類**

築堤防：修建河堤邊的護欄或防水的堤防。

修造動土：房屋整修、內部裝潢等。

動土：指興建陽宅之第一次動工挖土（陰宅為「破土」）。

豎柱上樑：豎立柱子，安屋頂中樑。傳統上進行「上樑」儀式前，一定要選擇吉日吉時。

修倉庫：建築倉庫或儲藏室。

苫（唸「山」）蓋：以草編物品來覆蓋屋頂。

修置產室：修理或建築廠房、產室。

開渠穿井：開築下水道、水溝及開鑿水井等。

安碓（唸「對」）磑（唸「位」）：安裝舂物臼磨粉器。傳統上進行這項活動前要先舉行儀式。

補垣塞穴：補修牆壁或堵塞蟻穴及其他洞穴。

掃舍宇：打掃屋宅，指大型的大掃除。

修飾垣牆：裝修、粉刷、整理牆壁。

平治道塗：指鋪平道路等工程。

破屋壞垣：拆除舊屋圍牆之事。

修倉庫：古代倉庫是放置糧食的地方，修築時為求平安，也要看日子。

❖工商類

鼓鑄：冶煉金屬以製錢幣或器物。

開市：公司行號商店開張或開幕，或指休完年假後首日營業或工廠開工等。

立券：訂立契約書等事。

交易：交易買賣等事。

納財：購置產業、進貨、收帳、五穀入倉等。

開倉庫：打開穀倉或囤貨的倉庫。在古代，倉庫不會隨便開啟，以免裡頭的貨物或穀物敗壞。

出貨財：出貨、送貨。

❖喪事類

破土：建墳墓、埋葬等（**陽宅為「動土」**）。

安葬：埋葬屍體，或撿骨後「進金」（將先人遺骨放入金斗甕）。

啟攢：指洗骨之事。撿死人的骨骸簡稱拾金。

❖農林漁牧類

伐木：砍伐樹木。古時候人們認為樹木有靈，因此在伐木前必須要舉行儀式，安撫樹靈，祭拜完畢之後才會進行。

破土：建墳墓的破土，也須擇好日子。

牧養：牧養即畜牧牛馬等家畜。

捕捉：撲滅害蟲或生物。

畋（唸「田」）獵：打獵或捕捉野獸等工作。

取魚：結網撈魚，捕取魚類。

栽種：種植樹木、接枝、種稻等農事。

牧養：畜牧牛馬等家畜。

納畜：買入雞鴨、牛羊等來飼養。

經絡：織布、安裝織機或蠶桑之事。因為其中有安裝織機這個部分，後人也衍生為適合安裝各式機械設備的日子。

醞釀：指做醬菜、釀酒、做醋、醬油等等需要發酵的事物，由於發酵的狀況會影響事件的成敗，因此傳統上認為製作時，也要挑選吉日，以期順利釀造出好的成品。

六十甲子納音

六十甲子納音是結合了五行、天干、地支與古代音律——五音，所推算出來的術數，用途非常廣泛，可以用來論命、推算年運、擇吉，甚至是造葬等。這個術數的基礎是五行，十天干、十二地支以及五音都有各自的五行屬性，相互結合之後，與單純的五行相生相剋就不同了。同樣納音屬金的，就有海中金、劍鋒金、白蠟金、砂中金、金箔金、釵釧金等，每一種代表的涵義都不同。

以砂中金為例，為何稱為砂中金？古書云：「之氣已成，物質自堅實，混于沙而別于沙，居於火而煉於火，乃曰砂中金也。」

甲午砂中金，是沙汰之金，古書云：「甲午天符祿，乃沙汰之金，志大而有節操，或零火蓋之而嚴，或旺金集之而剛，不遇丁壬，始可陶熔之寶。祿神敗而食子欲妻剛而子旺。」乙未砂中金，則是強悍剛礦之金，古書云：「乙未祿印綬，乃強悍剛礦之金，欲金相用在火盛處，父子相乘，皆為珍寶。德神當位，喜見印官。」

不同屬性的金，需要用來助旺或要避開的五行也不同。像是甲午砂中金，含砂量大的砂金，一樣要用火來鍛鍊，但要避開丁、壬才能有所成。乙未砂中金，則是礦砂類的砂金，含金量高，以大火來鍛鍊，可以成為珍寶，因此要加強的是火的部分。古人便根據這些不同屬性的組合變化，來論斷吉凶，推算一個人命運的貧富貴賤。

六十甲子納音歌

甲子乙丑海中金	丙寅丁卯爐中火	戊辰己巳大林木
庚午辛未路傍土	壬申癸酉劍鋒金	甲戌乙亥山頭火
丙子丁丑澗下水	戊寅己卯城頭土	庚辰辛巳白蠟金
壬午癸未楊柳木	甲申乙酉井泉水	丙戌丁亥屋上土
戊子己丑霹靂火	庚寅辛卯松柏木	壬辰癸巳長流水
甲午乙未砂中金	丙申丁酉山下火	戊戌己亥平地木
庚子辛丑壁上土	壬寅癸卯金箔金	甲辰乙巳覆燈火
丙午丁未天河水	戊申己酉大驛土	庚戌辛亥釵釧金
壬子癸丑桑柘木	甲寅乙卯大溪水	丙辰丁巳沙中土
戊午己未天上火	庚申辛酉石榴木	壬戌癸亥大海水

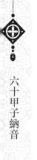

正月開運三吉時——初一、開工、迎財神

庚子年初一開門吉時與祭拜

大年初一是一年的開始，傳統上認為大年初一能迎到的財氣、喜氣與貴氣都最強。所以初一起個大早往吉祥的方位走，將能為自己帶來無與倫比的財氣與貴氣。因此這一天開門的時間與出門的方位就顯得十分重要。以時間點來說，**今年最佳開門時間為丑時（上午一點至兩點二十分）、卯時（上午五點至七點二十分）、午時（上午十一點至十二點二十分）、未時（下午一點至三點）**。可以根據平常作息或工作時間，挑選最適合的時辰來開門。

吉時一到，便可以開門，準備清茶、糖果、吉祥的水果像是橘子，以及飯、發糕與年糕等供品祭祖。米飯與糕類要插上紅色紙剪的春字，就是俗稱的「飯春花」。「春」和台語「剩」同音，象徵「年年有餘」。祭拜完後要燃放爆竹。

拜拜之後，可以出門往好的方位走，以迎接好的氣場。**初一這天的喜神在正南方，貴方為西北方。**出門時先往這幾個好方位，走上五十到一百步，再往自己原本的目的地前進，民間認為這樣便能夠討得好采頭。另外，**財神在正西方，但正好與當日的煞方同一方向，因此宜避開。若想要求財者可以選擇在正南方的正財方位，往這個方向走。今年的煞方在正西，盡量避免往這個方向走，以免受**

到不好氣場的影響。

傳統上也認為大年初一有如一天的早晨，是全新的開始，若能在年初一起得早（最遲不睡過中午），便象徵一整年都會很有活力精神。如果在大年初一的白天睡覺，就象徵在一年的開始精神萎靡、懶散、沒有活力。民俗上甚至認為這將導致種田的田會塌，養雞的雞會生不出蛋。因此，大年初一應該要盡量早起出門活動，無論是全家出外踏青遊玩，或是到附近親朋好友家拜年，到廟裡拜拜等，都能為自己跟家人求得一整年的好運與平安。

庚子年年初開工吉時與祭拜

初五又稱為「隔開」，意思就是新年的歡樂氣氛就到今天為止。新年期間放在家中神桌上的供品也都要撤收，自這天開始，一般民家就開始

正月初一可至廟裡拜拜祈求好運。

恢復正常的生活作息了。許多店家公司也都從這天開始上班做生意。不過並不是每一年的初五都是最好的開市、開工日。今年最佳的開工、開市日期與時間請參照下表。

店家或公司可以在門口準備各種牲禮、酒水、線香、紙錢，特別還需準備「疏文」。由於開工祭拜的對象是財神與行業的守護神，準備疏文是讓誠心的祈願可以完整傳達給神明，祭拜者將有機會獲得更為有力的保佑，在自己專長的行業中，創造更好的成績。所以在祭拜前也要搞懂行業祖師爺或守護神是誰，以免不小心拜錯了，既鬧笑話又難以受到保佑！

各行業守護神例

行業別	守護神明
醫療業	保生大帝、華陀、神農大帝
製藥業	神農大帝
屠宰業	玄天上帝
美髮業	孚佑帝君
航海業	天上聖母、水仙尊王
木匠業	巧聖仙師
泥水業	荷葉仙師
商賈業	福德正神、關聖帝君、財神
軍警業	關聖帝君
命理業	鬼谷子
戲曲業	西秦王爺、田都將軍
運輸業	中壇元帥
教職業	文昌帝君、魁星
特種業	豬八戒

二〇二〇庚子年年初開工開市吉時

正月初三	
卯時	上午五點至五點四十分
辰時	上午七點至七點四十分
午時	上午十一點至十二點二十分
未時	下午一點至三點
申時	下午三點到四點二十分
酉時	下午五點到六點二十分

正月初四	
卯時	上午五點至六點二十分
巳時	上午九點至十點二十分
午時	上午十一點至十二點二十分
未時	下午一點至二點二十分
申時	下午三點到四點二十分
酉時	下午五點到六點二十分

正月初六	
辰時	上午七點至九點
巳時	上午九點至十一點
未時	下午一點至三點
酉時	下午五點到六點二十分

正月初九	
卯時	上午五點至七點
辰時	上午七點至八點二十分
午時	上午十一點至十二點二十分
未時	下午一點至二點二十分

庚子年初五迎財神吉時與祭拜

大年初五是傳統上「**迎財神**」的日子，在這天上午須要準備供品朝門口祭拜來**迎財神**，迎的則是「五路財神」，有兩種說法，比較常見的說法是「**東西南北中**」五路，分別是：

中路財神「玄壇真君—趙公明」
東路財神「進寶天尊—蕭升」
西路財神「納珍天尊—曹寶」
南路財神「招財使者—陳九公」
北路財神「利市仙官—姚少司」

拜「**五路財神**」的目的就是要收盡東南西北中「**五方之財**」。與「**五路財神**」類似的說法還有「**八路財神**」，**八路**指的就是一般常見的八個方位，不過民俗上對於八路財神究竟是哪幾位神明，並沒有明確的記載。

而「**文、武、義、富、偏**」五路財神的說法，除了上述的「**武財神—趙公明**」以外，還有：

忠貞事暴君的商朝忠臣「文財神—比干」
義薄雲天的三國武將「義財神—關公」
富可敵國的明朝富商「富財神—沈萬三」
生性好賭的漢朝名將「偏財神—韓信」

偏財神的「偏」，是指「正財」以外的財富，如兼職、自由業、買彩券、特種行業……等皆屬之。

黃帝地母經看流年

黃帝地母經共有六十首，是傳統上用來預測一年整體運勢的經文。今年為庚子年，可以對照黃帝地母經裡的「庚子」這一首詩，來看今年的整體預測。

以今年的經文來看，詩曰：

「太歲庚子年，人民多暴卒。
春夏水淹流，秋冬頻饑渴。
高田猶及半，晚稻無可割。
秦淮足流蕩，吳楚多劫奪。
桑葉須後賤，蠶娘情不悅。
見蠶不見絲，徒勞用心切。」

卜詞：

「鼠耗出頭年，高低多偏頗。
更看三冬裡，山頭起墓田。」

本年度的詩歌與卜詞，預言了今年整體而言，流年不是很理想，因為天候不順，春夏時節可能有水患，到了秋冬糧食產量不佳，可能會有缺糧的狀況。社會也將因此可能會有動盪不安的狀況。對人民的生活來說，依然是較為辛苦、難關較多的一年。

以現今的角度來看，相同干支年的氣候都相同，似無科學根據，也不符合邏輯。另外預測的區域與台灣的氣候差異甚大，就台灣地區而言並不適用。儘管如此，從這些詩歌還是可以一窺過去人們的生活狀況，可視為一種十分有趣的民俗資料。

庚子年年度吉時

❖正月初一開門吉時

正月初一

丑時　上午　一點至兩點二十分
卯時　上午　五點至六點二十分
午時　上午　十一點至十二點二十分
未時　下午　一點至三點

❖正月開工、開市吉日時

正月初三

卯時　上午　五點至五點四十分
辰時　上午　七點至七點四十分
午時　上午　十一點至十二點二十分
未時　下午　一點至三點
申時　下午　三點到四點二十分
酉時　下午　五點到六點二十分

正月初四

卯時　上午　五點至六點二十分
巳時　上午　九點至十點二十分
午時　上午　十一點至十二點二十分
未時　下午　一點至二點二十分
申時　下午　三點到四點二十分
酉時　下午　五點到六點二十分

正月初六

辰時　上午　七點至九點
巳時　上午　九點至十一點
未時　下午　一點至三點
酉時　下午　五點到六點二十分

正月初九

卯時　上午　五點至七點
辰時　上午　七點至八點二十分
午時　上午　十一點至十二點二十分
未時　下午　一點至二點二十分

❖天赦吉日

正月十二日戊寅日　三月十三日戊寅日
閏四月廿九日甲午日　七月十五日戊申日
九月十六日戊申日　十月初三日甲子日
十二月初四日甲子日

❖社日

春社日：二月廿三日戊午日
秋社日：八月初六日戊辰日

❖三伏天

初伏天：五月廿六日庚申日
中伏天：六月初六日庚午日
末伏天：六月廿六日庚寅日

庚子年大利方位表

❖大利東西，不利南方

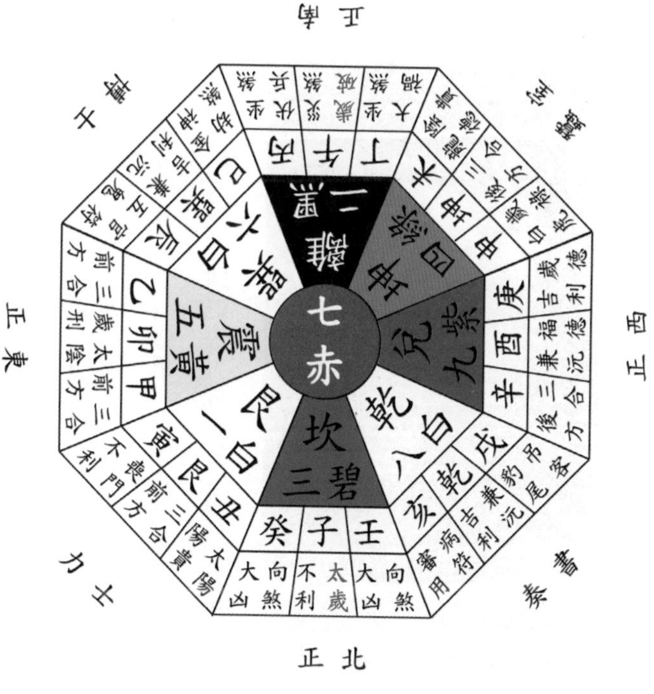

庚子年安神煞方與安神法

由於傳統信仰與中國人慎終追遠的關係，大部分的人家裡都會有神桌，用來祭拜祖先與神明。而神桌或神龕的裝置有許多的學問，如果沒有小心注意，任意擺放的話，嚴重的時候，有可能會導致家裡不平靜，甚至是家運衰敗。

安神位的日子挑選，要注意避開與「**家人生肖**」相沖的日子，可挑選農民曆上標明適合「**祭祀**」的日子來進行。

安神與流年煞方

「**安神位**」要特別注意「**流年煞方**」。如果準備安神位的位置正巧碰上該年的流年煞方，除了延後安神之外，可以先安「**浮爐**」來化解，也就是在香爐下墊上「**桌墊**」。

一般可以使用金紙，先抽掉綑綁金紙的物品，再將第一張金箔抽掉（或是福金的第一張全部抽起），再將其用紅紙包住，將其墊在香爐下面即可，另外也可以使用**盤子**。**今年為鼠年，流年煞方為「南方」，所以這方位不宜安神或修造**。

「安神位」是件大事，必須避開與家人生肖相沖的日子。

安神的方法

若搬新家，或只是神桌在家中換位置而需要「**安神位**」，要先挑選適當的日子，將神明與祖先按順序自原本位置請出，神明（雕像或畫像）要用雙手捧。如果要離開室內，祖先牌位要裝在「**謝籃**」裡，下鋪刈金，撐黑色洋傘。

到新位置安神之前，牆壁先用「**刈金**」清淨，方法是將刈金點火以後，在將要安神位置的牆壁上「**擦**」一遍，安神的順序與請出時一樣，先安神位，後安祖先牌位。

祖先牌位不可高過神像，也不能置於神爐前，因祖先牌位屬「陰」，宜低宜退。擺好神位再將燭台、薦盒、香爐等擺放上去。**神像的位置要比祖先牌位略後，但神明香爐與杯子的位置，則要比祖先的略前**。

安好之後，準備**五果**、**三牲**、**湯圓**、**發粿**、**清茶**、**鮮花**等拜拜。並準備**大壽金**、壽金、刈金、土地公金，香燃過後燒化。安好的神位不可以再隨便移動，若要清潔則必須等到每年農曆十二月二十四日「**送神**」後，才可以進行。

安神之後拜地基主

安神位當天的黃昏時，要拜「**地基主**」。一般多在廚房擺一張小桌子祭拜，如果空間不夠，

安好神位的當天黃昏，要在廚房準備日常的飯菜拜地基主。

也可以把流理台當供桌，如果連接著流理台上剛好有窗，則可以朝窗外拜。如果沒有窗戶，則朝後門，或是廚房後方祭拜即可。

拜拜的供品使用日常家裡的飯菜即可。一般可以準備六道菜碗、一鍋飯、三杯酒、兩副碗筷及紙錢。簡單一點的，可以用一個**有菜有肉**的便當，加上三杯酒、兩副碗筷跟紙錢就可以了。

神桌擺放的注意事項

⊙ 神桌應擺放在前方視野遼闊的地方，代表「**明堂寬闊**」，家運才會步步高升。神桌不可以朝屋後，否則會導致「**家運衰退**」。

⊙ 神桌的後方不能是樓梯或是電梯，因為向下的樓梯或電梯，都暗示「**家運衰退**」，特別是電梯上上下下，氣場混亂，影響更為嚴重。

⊙ 神桌後方與正上方不能是瓦斯爐或者廚房，因為若是瓦斯爐則暗示「**火燒神明**」，而廁所則形同將神明祖先置於穢物旁，特別是神桌後方就是馬桶時，這樣的情形都會導致「**家運衰退**」。

⊙ 如果神桌的後方是房間，夫妻或是十二歲到六十五歲之間的單身或已婚者，都要避免睡在這裡，以免影響夫妻感情，或不利姻緣。

⊙ 如果神桌樓上的位置作為臥室，床要小心避開神桌所在的地方，否則因為壓住神明的關係，對於睡在這裡的人，身體上會有不好的影響。

⊙ 神桌的上方不可以有橫樑通過，象徵挑著「重擔」，暗示一家人做事辛苦。另外這樣的狀況也容易導致家人有頭部方面的毛病。

⊙ 神桌上方要避免擺放不相干的物品，特別是**人形雕塑**或**玩具公仔**，因為神桌經常會受到**燒香膜拜**的關係，可能會有**不明的靈體**藉機進入這些人形物接受膜拜，會使家中出現怪事。

⊙ 神桌的前方及左右，包括神桌底下，都要避免堆放物品，神桌正上方的樓上空間則要避免設置櫃子或是床鋪之類的大型家具，因為神桌若是被雜物擋住、壓住，家運容易受到影響。

⊙ 神桌前面如果有安裝長形的日光燈，要特別注意一定要與神桌**平行懸掛**，如果燈管的方向與神桌垂直，就如同一枝利箭直接射向神明與祖先，形成「**弓箭煞**」，除了對家人運勢有不好的影響外，也直接暗示了容易有意外血光的情形發生。

⊙ 神桌的高度或與牆壁的距離，都要盡量合於「**魯班尺**」的吉字，如果場地有限制，至少高度需符合吉字。

⊙ 神桌的左右也要特別注意，虎邊不可以太迫近牆邊，所謂「**迫虎傷人**」，神桌太靠近虎邊對於主人來說會有不良影響。神桌安置要穩固不搖晃，避免碰撞或地震時造成東西摔落。

⊙ 民俗上認為「**龍怕臭，虎怕吵**」，因此神桌的左邊不能是廁所正沖，而右邊則不能擺放會發出聲音的家電，例如電視、音響、冰箱等。

二〇二〇年 國曆一月大	1	2	3	4	5
	星期三	星期四	星期五	星期六	星期日
					月德合
農曆十二月 丁丑 臘月 煞東方 朔日西風六畜災，綿絲五穀德成堆 最喜大寒無雨雪，太平冬盡賀春來	初七	初八	初九	初十	十一
	癸卯	甲辰	乙巳	丙午	丁未
	金	火	火	水	水
	平	定	執	破	危
	★	宜	宜	★	宜
	日逢受死日，不宜諸吉事	**宜** 祭祀、祈福、出行、納采、問名、嫁娶、移徙、修造動土、豎柱上樑、立券、交易、納財、入宅 **忌** 解除	**宜** 祭祀、入宅 **忌** 祈福、出行、納采、問名、嫁娶、移徙、安床、解除、修造動土、豎柱上樑、開市、立券、交易、納財、破土、安葬、啟攢	**諸事不宜**	**宜** 祭祀 **忌** 納采、問名、嫁娶
每日胎神占方	房床門 房內南	門雞栖 房內東	碓磨床 房內東	廚灶碓 房內東	倉庫廁 房內東
每日沖煞年齡	沖雞 3歲 煞西	沖狗 2歲 煞南	沖豬 1歲 煞東	沖鼠 60歲 煞北	沖牛 59歲 煞西

庚子年每日宜忌

9	8	7		6
星期四	星期三	星期二	小寒	星期一
	天德 月德	刀砧日		刀砧日
十五	十四	十三	卯時 05時30分	十二
辛亥	庚戌	己酉		戊申
金	金	土		土
開	收	成		危成
宜	宜	★		宜
宜 祭祀 **忌** 祈福、出行、納采、問名、嫁娶、移徙、安床、解除、修造動土、豎柱上樑、開市、立券、交易、納財、破土、安葬、啟攢	**宜** 祭祀	**日逢受死日，不宜諸吉事**	**斗指戊為小寒，時天氣漸寒，尚未大冷，故名小寒。** **節氣諺語：小寒大冷，人馬安。** 小寒時天氣應寒冷，人畜才會平安。	**宜** 祭祀、開市、納財 **忌** 祈福、納采、問名、安床、解除、立券、交易
廚灶床外東北	碓磨棲外東北	占大門外東北		房床爐房內東
沖蛇55歲煞西	沖龍56歲煞北	沖兔57歲煞東		沖虎58歲煞南

庚子年每日宜忌

10	11	12	13	14	15
五期星	六期星	日期星	一期星	二期星	三期星
		勿探病	天德合 月德合 勿探病		
十六	十七	十八	十九	二十	廿一
壬子	癸丑	甲寅	乙卯	丙辰	丁巳
木	木	水	水	土	土
閉	建	除	滿	平	定
宜	★	宜	宜	★	★
宜 祭祀 **忌** 祈福、出行、納采、問名、嫁娶、移徙、安床、解除、修造動土、豎柱上樑、開市、立券、交易、納財、破土、安葬	**忌** 祈福、出行、納采、問名、嫁娶、移徙、解除、修造動土、豎柱上樑、破土、安葬、啟攢	**宜** 入宅 **忌** 祭祀、出行、納采、問名、嫁娶	**宜** 祭祀、祈福、出行、納采、問名、嫁娶、移徙、解除、豎柱上樑、開市、立券、交易、納財、安葬、啟攢 **忌** 修造動土、破土	**諸事不宜**	**忌** 祈福、出行、納采、問名、嫁娶、移徙、安床、解除、修造動土、豎柱上樑、開市、立券、交易、納財、破土、安葬、啟攢
倉庫碓 外東北	房床廁 外東北	占門爐 外東北	碓磨門 外正東	廚灶棲 外正東	倉庫床 外正東
沖馬 54歲 煞南	沖羊 53歲 煞東	沖猴 52歲 煞北	沖雞 51歲 煞西	沖狗 50歲 煞南	沖豬 49歲 煞東

庚子年每日宜忌

大寒	20	19	18	17	16
	星期一	星期日	星期六	星期五	星期四
		天神下降 日 刀砧日	送神日 天德 月德 刀砧日		
亥時 22時55分	廿六	廿五	廿四	廿三	廿二
	壬戌	辛酉	庚申	己未	戊午
	水	木	木	火	火
	收	成	危	破	執
	宜	★	宜	宜	★
斗指癸為大寒，時大寒粟烈已極，故名大寒。 **節氣諺語：大寒不寒，春分不暖。** 大寒若天氣溫暖，表氣候不順，隔年春分仍會寒冷。	**宜**祭祀 **忌**祈福、出行、納采、問名、嫁娶、移徙、安床、解除、修造動土、豎柱上樑、開市、立券、交易、納財、破土、安葬、啟攢	**日逢受死日，不宜諸吉事**	**宜**祭祀、出行、移徙、修造動土、豎柱上樑、開市、立券、交易、納財、破土、安葬、入宅 **忌**祈福、納采、問名、嫁娶、安床、解除	**宜**祭祀 **忌**祈福、出行、納采、問名、嫁娶、移徙、安床、修造動土、豎柱上樑、開市、立券、交易、納財、破土、安葬、啟攢	**忌**祈福、出行、納采、問名、嫁娶、移徙、安床、解除、修造動土、豎柱上樑、開市、立券、交易、納財、破土、安葬、啟攢
	倉庫栖 外東南	廚灶門 外東南	碓磨爐 外東南	占門廁 外正東	房床碓 外正東
	沖龍 44歲 煞北	沖兔 45歲 煞東	沖虎 46歲 煞南	沖牛 47歲 煞西	沖鼠 48歲 煞北

21	22	23	24	25	26
星期二	星期三	星期四	星期五	星期六	星期日
	天赦日	天德合 月德合	除夕 月德	春節	
廿七	廿八	廿九	三十	正月	初二
癸亥	甲子	乙丑	丙寅	丁卯	戊辰
水	金	金	火	火	木
開	閉	建	除	滿	平
★	宜	宜	宜	宜	★
諸事不宜	**宜** 祭祀、安葬	**宜** 祭祀、祈福、納采、問名、解除、豎柱上樑、納財、安葬 **忌** 出行、嫁娶、移徙、修造動土、破土	**宜** 入宅 **忌** 祭祀、出行	**宜** 祭祀 **忌** 祈福、出行、納采、問名、嫁娶、移徙、安床、解除、修造動土、豎柱上樑、開市、立券、交易、納財、破土、安葬、啟攢	**諸事不宜**
占房床 外東南	占門碓 外東南	碓磨廁 外東南	廚灶爐 外正南	倉庫門 外正南	房床栖 外正南
沖蛇 43歲 煞西	沖馬 42歲 煞南	沖羊 41歲 煞東	沖猴 40歲 煞北	沖雞 40歲 煞西	沖狗 39歲 煞南

庚子年每日宜忌

31	30	29	28	27
五期星	四期星	三期星	二期星	一期星
刀砧日	清水祖師聖誕 刀砧日		孫真人聖誕 天德 月德 勿探病	
初七	初六	初五	初四	初三
癸酉	壬申	辛未	庚午	己巳
金	金	土	土	木
成	危	破	執	定
★	宜	宜	宜	宜
日逢受死日，不宜諸吉事	**宜** 祭祀、開市、納財、破土、安葬 **忌** 祈福、納采、問名、安床、解除、立券、交易	**宜** 祭祀、解除 **忌** 祈福、出行、納采、問名、嫁娶、移徙、安床、修造動土、豎柱上樑、開市、立券、交易、納財、破土、安葬、啟攢	**宜** 祭祀、祈福、出行、納采、問名、嫁娶、移徙、解除、修造動土、豎柱上樑、破土、安葬	**宜** 納采、問名、修造動土、豎柱上樑、立券、交易、納財、入宅 **忌** 出行、嫁娶、解除、破土、安葬、啟攢
房床門 外西南	倉庫爐 外西南	廚灶廁 外西南	占碓磨 外正南	占門床 外正南
沖兔 34歲 煞東	沖虎 35歲 煞南	沖牛 36歲 煞西	沖鼠 37歲 煞北	沖豬 38歲 煞東

庚子年每日宜忌

二〇二〇年 國曆二月小	1	2	3	4
	星期六	星期日	星期一	星期二
	月德	玉皇大帝聖誕 天德合 月德合		天德
農曆一月 戊寅 端月 煞北方	初八	初九	初十	十一
	甲戌	乙亥	丙子	丁丑
	火	火	水	水
	收	開	閉	閉建
	宜	宜	宜	宜
立春最喜晴一日，元旦景雲光齊天 雨水連綿是豐年，農夫不用力耕田	**宜** 祭祀 **忌** 祈福、出行、納采、問名、嫁娶、移徙、安床、解除、修造動土、豎柱上樑、開市、立券、交易、納財、破土、安葬、啟攢	**宜** 祭祀、祈福、解除、修造動土、豎柱上樑、開市、納財、入宅 **忌** 出行、納采、問名、嫁娶、移徙	**宜** 祭祀、安葬、啟攢 **忌** 祈福、出行、納采、問名、嫁娶、移徙、安床、解除、修造動土、豎柱上樑、開市、立券、交易、納財、破土	**宜** 祭祀 **忌** 祈福、出行、納采、問名、嫁娶、移徙、安床、解除、修造動土、豎柱上樑、開市、立券、交易、納財、破土、安葬、啟攢
每日胎神占方	門碓栖 外西南	碓磨床 外西南	廚灶碓 外西南	倉庫廁 外正西
每日沖煞年齡	沖龍 33歲 煞北	沖蛇 32歲 煞西	沖馬 31歲 煞南	沖羊 30歲 煞東

庚子年每日宜忌

立春

酉時 17時03分

斗指東北維為立春，時春氣始至，四時之卒始，故名立春也。

節氣諺語：立春打雷，十處豬欄九處空。

立春這天如果打雷，會六畜不安。相反的，雷不打春，今年一定好年冬。

5	6	7	8
星期三	星期四	星期五	星期六
天赦日	關聖帝君飛昇日 勿探病		元宵節 天官聖誕 月德合
十二	十三	十四	十五
戊寅	己卯	庚辰	辛巳
土	土	金	金
建	除	滿	平
宜	宜	宜	宜
宜 納采、問名、解除、豎柱上樑、立券、交易、納財、安葬 **忌** 祭祀、出行、嫁娶、移徙、修造動土、破土	**宜** 出行、嫁娶、解除、立券、交易、入宅	**宜** 祭祀、祈福 **忌** 納采、問名、嫁娶、開市、立券、交易、納財	**宜** 祭祀 **忌** 祈福、出行、解除
房床爐 外正西	占大門 外正西	碓磨栖 外正西	廚灶床 外正西
沖猴29歲 煞北	沖雞28歲 煞西	沖狗27歲 煞南	沖豬26歲 煞東

9	10	11	12	13	14
日期星	一期星	二期星	三期星	四期星	五期星
天德合 勿探病				月德	天德 刀砧日
十六	十七	十八	十九	二十	廿一
壬午	癸未	甲申	乙酉	丙戌	丁亥
木	木	水	水	土	土
定	執	破	危	成	收
宜	★	宜	宜	★	宜
宜祭祀、祈福、出行、納采、問名、嫁娶、移徙、解除、修造動土、豎柱上樑、開市、立券、交易、納財、破土、安葬、入宅	**忌**開市、立券、交易、納財	**宜**祭祀、解除 **忌**祈福、出行、納采、問名、嫁娶、移徙、安床、修造動土、豎柱上樑、開市、立券、交易、納財、破土、安葬、啟攢	**宜**祭祀、破土、安葬、入宅 **忌**祈福、出行、納采、問名、嫁娶、移徙、安床、解除、修造動土、豎柱上樑、開市、立券、交易、納財	**日逢受死日，不宜諸吉事**	**宜**祭祀、祈福、出行、納采、問名、移徙、解除、修造動土、豎柱上樑、開市、立券、交易、納財 **忌**嫁娶
倉庫碓 外西北	房床廁 外西北	占門爐 外西北	碓磨門 外西北	廚灶栖 外西北	倉庫床 外西北
沖鼠 25歲 煞北	沖牛 24歲 煞西	沖虎 23歲 煞南	沖兔 22歲 煞東	沖龍 21歲 煞北	沖蛇 20歲 煞西

雨水	15	16	17	18	19
	星期六	星期日	星期一	星期二	星期三
	刀砧日			月德合	天德合
午時 12時57分	廿二	廿三	廿四	廿五	廿六
	戊子	己丑	庚寅	辛卯	壬辰
	火	火	木	木	水
	開	閉	建	除	滿
	宜	★	宜	宜	宜
斗指壬為雨水，時東風解凍，冰雪皆散而為水，化而為雨，故名雨水。節氣諺語：雨水，海水卡冷鬼。雨水時節雖已入春，但溫度仍低，海水摸起來還是非常冷冽。	**宜**祭祀 **忌**納采、問名、嫁娶、破土、安葬、啟攢	**諸事不宜**	**宜**立券、交易、納財 **忌**祭祀、祈福、出行、納采、問名、嫁娶、移徙、解除、修造動土、豎柱上樑、破土、安葬、啟攢	**宜**祭祀、祈福、出行、納采、問名、嫁娶、移徙、解除、修造動土、豎柱上樑、立券、交易、破土、安葬、啟攢、入宅	**宜**祭祀、祈福、出行、納采、問名、嫁娶、移徙、解除、修造動土、豎柱上樑、開市、立券、交易、納財、安葬
	房床碓 外正北	占門廁 外正北	碓磨爐 外正北	廚灶門 外正北	倉庫栖 外正北
	沖馬 19歲 煞南	沖羊 18歲 煞東	沖猴 17歲 煞北	沖雞 16歲 煞西	沖狗 15歲 煞南

20	21	22	23	24
星期四	星期五	星期六	星期日	星期一
			月德	福德正神 千秋 天德
廿七	廿八	廿九	二月	初二
癸巳	甲午	乙未	丙申	丁酉
水	金	金	火	火
平	定	執	破	危
★	宜	★	宜	宜
忌 祈福、出行、納采、問名、嫁娶、移徙、安床、解除、修造動土、豎柱上樑、開市、立券、交易、納財、破土、安葬、啟攢	**宜** 祭祀、祈福、出行、納采、問名、嫁娶、移徙、修造動土、豎柱上樑、開市、立券、交易、納財、入宅 **忌** 解除、破土、安葬、啟攢	**忌** 出行、納采、問名、嫁娶、移徙、解除、修造動土、豎柱上樑、開市、立券、交易、納財、破土、安葬、啟攢	**宜** 祭祀、解除 **忌** 祈福、出行、納采、問名、嫁娶、移徙、安床、修造動土、豎柱上樑、開市、立券、交易、納財、破土、安葬、啟攢	**宜** 祭祀、祈福、出行、納采、問名、嫁娶、移徙、安床、解除、修造動土、豎柱上樑、納財、破土、安葬、入宅
占房床 房內北	占門碓 房內北	碓磨廁 房內北	廚灶爐 房內北	倉庫門 房內北
沖豬 14歲 煞東	沖鼠 13歲 煞北	沖牛 12歲 煞西	沖虎 11歲 煞南	沖兔 10歲 煞東

庚子年每日宜忌

25	26	27	28	29
二期星	**三期星**	**四期星**	**五期星**	**六期星**
文昌帝君聖誕	刀砧日	刀砧日	月德合	天德合 勿探病
初三	**初四**	**初五**	**初六**	**初七**
戊戌	己亥	庚子	辛丑	壬寅
木	木	土	土	金
成	收	開	閉	建
★	**宜**	**宜**	**宜**	**宜**
日逢受死日，不宜諸吉事	**宜** 祭祀、祈福、開市、立券、交易、納財 **忌** 嫁娶、破土、安葬、啟攢	**宜** 祭祀 **忌** 納采、問名、修造動土、破土	**宜** 祭祀 **忌** 祈福、出行、納采、問名、嫁娶、移徙、安床、解除、修造動土、豎柱上樑、開市、立券、交易、納財、破土、安葬、啟攢	**宜** 納采、問名、解除、豎柱上樑、立券、交易、納財、安葬、啟攢 **忌** 祭祀、出行、嫁娶、移徙、修造動土、豎柱上樑、破土
房床栖 房內南	占門床 房內南	占碓磨 房內南	廚灶廁 房內南	倉庫爐 房內南
沖龍 9歲 煞北	沖蛇 8歲 煞西	沖馬 7歲 煞南	沖羊 6歲 煞東	沖猴 5歲 煞北

二〇二〇年國曆三月大	1	2	3	4	5
	日期星	一期星	二期星	三期星	四期星
				月德	
農曆二月 己卯 花月 煞西方	初八	初九	初十	十一	十二
	癸卯	甲辰	乙巳	丙午	丁未
	金	火	火	水	水
	除	滿	平	定	執定
	宜	宜	★	宜	宜
驚蟄聞雷米似泥，春分有雨病人稀 月中但得逢三卯，處處棉花豆麥宜	**宜** 出行、解除、立券、交易、破土、啟攢、入宅	**宜** 祭祀、祈福 **忌** 納采、問名、嫁娶、開市、立券、交易、納財、破土、安葬、啟攢	**忌** 祈福、出行、納采、問名、嫁娶、移徙、安床、解除、修造動土、豎柱上樑、開市、立券、交易、納財、破土、安葬、啟攢	**宜** 祭祀、祈福、出行、納采、問名、嫁娶、移徙、解除、修造動土、豎柱上樑、開市、立券、交易、納財、破土、安葬、入宅	**宜** 祭祀、祈福、出行、移徙、修造動土、豎柱上樑、立券、交易、納財 **忌** 納采、問名、嫁娶、解除
每日胎神占方	房床門 房內南	門雞栖 房內東	碓磨床 房內東	廚灶碓 房內東	倉庫廁 房內東
每日沖煞年齡	沖雞 4歲 煞西	沖狗 3歲 煞南	沖豬 2歲 煞東	沖鼠 1歲 煞北	沖牛 60歲 煞西

庚子年每日宜忌

10	9	8	7	6	驚蟄
二期星	一期星	日期星	六期星	五期星	
刀砧日	開漳聖王千秋 刀砧日	三山國王千秋	月德合		
十七	十六	十五	十四	十三	巳時 10時57分
子壬	亥辛	戌庚	酉己	申戊	
木	金	金	土	土	
收	成	危	破	執	
★	宜	★	★	★	
諸事不宜	**宜**出行、納采、問名、移徙、修造動土、豎柱上樑、開市、立券、交易、納財、入宅 **忌**嫁娶、破土、安葬、啟攢	**忌**祈福、出行、解除、修造動土、豎柱上樑	**諸事不宜**	**忌**祈福、出行、納采、問名、嫁娶、移徙、安床、解除、修造動土、豎柱上樑、開市、立券、交易、納財、破土、安葬、啟攢	**斗指丁為驚蟄，雷鳴動，蟄蟲皆震起而出，故名驚蟄。** **節氣諺語：未驚蟄打雷，會四十九日烏。** 如果驚蟄之前就打雷，會連續下四十九天雨。
倉庫碓 外東北	廚灶床 外東北	碓磨栖 外東北	占大門 外東北	房床爐 房內東	
沖馬 55歲 煞南	沖蛇 56歲 煞西	沖龍 57歲 煞北	沖兔 58歲 煞東	沖虎 59歲 煞南	

15	14	13	12	11
星期日	星期六	星期五	星期四	星期三
	普賢菩薩聖誕	勿探病	觀世音菩薩聖誕 月德 勿探病	
廿二	廿一	二十	十九	十八
丁巳	丙辰	乙卯	甲寅	癸丑
土	土	水	水	木
滿	除	建	閉	開
宜	★	宜	宜	宜
宜祭祀、祈福、納采、問名、解除、豎柱上樑、開市、立券、交易、納財 **忌**出行、嫁娶、移徙、修造動土、破土、安葬、啟攢	**日逢受死日，不宜諸吉事**	**宜**祭祀、出行、立券、交易 **忌**祈福、納采、問名、嫁娶、解除、修造動土、豎柱上樑、破土、安葬、啟攢	**宜**立券、交易、納財、破土、安葬、啟攢 **忌**祭祀、祈福、納采、問名、嫁娶、移徙、解除	**宜**祭祀、祈福、出行、移徙、解除、豎柱上樑、入宅 **忌**納采、問名、嫁娶、修造動土、開市、立券、交易、納財、破土
倉庫床 外正東	廚灶棲 外正東	碓磨門 外正東	占門爐 外東北	房床廁 外東北
沖豬 50歲 煞東	沖狗 51歲 煞南	沖雞 52歲 煞西	沖猴 53歲 煞北	沖羊 54歲 煞東

庚子年每日宜忌

春分

午時 11時50分

斗指壬為春分，日行周天，南北兩半球晝夜均分，又當春之半，故名。

節氣諺語：春分，日暝對分。春分到，晝夜各半，平均為十二小時。

16	17	18	19	20
一期星	二期星	三期星	四期星	五期星
春社日	月德合			
廿三	廿四	廿五	廿六	廿七
戊午	己未	庚申	辛酉	壬戌
火	火	木	木	水
平	定	執	破	危
宜	宜	★	★	★
宜祭祀 **忌**祈福、出行、納采、問名、嫁娶、移徙、安床、解除、修造動土、豎柱上樑、開市、立券、交易、納財、破土、安葬、啟攢	**宜**祭祀、祈福、出行、移徙、解除、修造動土、豎柱上樑、立券、交易、納財、安葬、入宅 **忌**納采、問名、嫁娶	**忌**祈福、出行、納采、問名、嫁娶、移徙、安床、解除、修造動土、豎柱上樑、開市、立券、交易、納財、破土、安葬、啟攢	**諸事不宜**	**忌**祈福、出行、解除、修造動土、豎柱上樑
房床碓 外正東	占門廁 外正東	碓磨爐 外東南	廚灶門 外東南	倉庫栖 外東南
沖鼠 49歲 煞北	沖牛 48歲 煞西	沖虎 47歲 煞南	沖兔 46歲 煞東	沖龍 45歲 煞北

26	25	24	23	22	21
四期星	三期星	二期星	一期星	日期星	六期星
				月德 刀砧日	刀砧日
初三	初二	三月	三十	廿九	廿八
戊辰	丁卯	丙寅	乙丑	甲子	癸亥
木	火	火	金	金	水
除	建	閉	開	收	成
★	宜	宜	宜	宜	宜
日逢受死日，不宜諸吉事	**宜**祭祀、祈福、出行、納采、問名、移徙、解除、豎柱上樑、立券、交易、納財、啟攢 **忌**嫁娶、修造動土、豎柱上樑、破土	**宜**立券、交易、納財、破土、啟攢 **忌**祭祀、祈福、出行、納采、問名、嫁娶、移徙、安床、解除、修造動土、豎柱上樑、開市	**宜**祭祀、祈福、出行、嫁娶、移徙、解除、修造動土、豎柱上樑、入宅 **忌**開市、立券、交易、納財、破土、安葬、啟攢	**宜**祭祀 **忌**祈福、出行、納采、問名、嫁娶、移徙、安床、解除、修造動土、豎柱上樑、開市、立券、交易、納財、破土、安葬、啟攢	**宜**入宅 **忌**嫁娶、破土、安葬、啟攢
房床栖 外正南	倉庫門 外正南	廚灶爐 外正南	碓磨廁 外東南	占門碓 外東南	占房床 外東南
沖狗 39歲 煞南	沖雞 40歲 煞西	沖猴 41歲 煞北	沖羊 42歲 煞東	沖馬 43歲 煞南	沖蛇 44歲 煞西

庚子年每日宜忌

31	30	29	28	27
星期二	星期一	星期日	星期六	星期五
		濟公活佛成道日	勿探病	月德合
初八	初七	初六	初五	初四
癸酉	壬申	辛未	庚午	己巳
金	金	土	土	木
破	執	定	平	滿
★	宜	宜	宜	宜
諸事不宜	**宜**入宅 **忌**祈福、出行、納采、問名、嫁娶、移徙、安床、解除、修造動土、豎柱上樑、開市、立券、交易、納財、破土、安葬、啟攢	**宜**祭祀、祈福、納采、問名、嫁娶、修造動土、豎柱上樑、立券、交易、納財、入宅 **忌**解除	**宜**祭祀 **忌**祈福、出行、納采、問名、嫁娶、移徙、安床、解除、修造動土、豎柱上樑、開市、立券、交易、納財、破土、安葬、啟攢	**宜**祭祀、祈福、納采、問名、解除、豎柱上樑、開市、立券、交易、納財 **忌**出行、嫁娶、移徙、修造動土、破土
房床門 外西南	倉庫爐 外西南	廚灶廁 外西南	占碓磨 外正南	占門床 外正南
沖兔 34歲 煞東	沖虎 35歲 煞南	沖牛 36歲 煞西	沖鼠 37歲 煞北	沖豬 38歲 煞東

二〇二〇年 國曆四月小	1	2	3	4
	三期星	四期星	五期星	六期星
	月德	刀砧日	刀砧日	天德合 月德合
農曆三月 庚辰 桐月 煞南方	初九	初十	十一	十二
	甲戌	乙亥	丙子	丁丑
	火	火	水	水
	危	成	收	收 開
	宜	宜	★	宜
風雨相逢初一頭，沿村瘟疫萬人憂 清明風若從南至，定是農家有大收	**宜** 祭祀、祈福、出行、納采、問名、嫁娶、移徙、安床、解除、修造動土、豎柱上樑、開市、立券、交易、納財、安葬、入宅	**宜** 出行、移徙、修造動土、豎柱上樑、入宅 **忌** 納采、問名、嫁娶、開市、立券、交易、納財、破土、安葬、啟攢	**諸事不宜**	**宜** 祭祀、祈福、出行、納采、問名、嫁娶、移徙、解除、修造動土、豎柱上樑、納財、安葬
每日胎神占方	門碓栖 外西南	碓磨床 外西南	廚灶碓 外西南	倉庫廁 外正西
每日沖煞年齡	沖龍 33歲 煞北	沖蛇 32歲 煞西	沖馬 31歲 煞南	沖羊 30歲 煞東

清明

申時 15時38分

斗指丁為清明，時萬物潔顯而清明，時當氣清景明，故名。

節氣諺語：清明芋，穀雨薑。

清明時節是為適合種植芋頭、而接下來的穀雨則是可以種生薑的時候。

庚子年每日宜忌

10	9	8	7	6	5
星期五	**星期四**	**星期三**	**星期二**	**星期一**	**星期日**
	天德 月德 勿探病	準提菩薩 聖誕	保生大帝 聖誕	勿探病	天赦日
十八	**十七**	**十六**	**十五**	**十四**	**十三**
癸未	壬午	辛巳	庚辰	己卯	戊寅
木	木	金	金	土	土
平	滿	除	建	閉	開
★	**宜**	★	★	★	**宜**
諸事不宜	**宜**祭祀、祈福、出行、納采、問名、嫁娶、移徙、解除、豎柱上樑、開市、立券、交易、納財、安葬 **忌**修造動土、破土	**忌**祈福、出行、納采、問名、嫁娶、移徙、安床、修造動土、豎柱上樑、破土、安葬、啟攢	**諸事不宜**	**忌**祈福、出行、納采、問名、嫁娶、移徙、安床、解除、修造動土、豎柱上樑、開市、立券、交易、納財、破土、安葬、啟攢	**宜**出行、納采、問名、嫁娶、移徙、解除、修造動土、豎柱上樑、開市、立券、交易、入宅 **忌**祭祀
房床廁 外西北	倉庫碓 外西北	廚灶床 外正西	碓磨栖 外正西	占大門 外正西	房床爐 外正西
沖牛 24歲 煞西	沖鼠 25歲 煞北	沖豬 26歲 煞東	沖狗 27歲 煞南	沖雞 28歲 煞西	沖猴 29歲 煞北

16	15	14	13	12	11
星期四	星期三	星期二	星期一	星期日	星期六
	天上聖母聖誕 刀砧日	天德合 月德合 刀砧日		註生娘娘千秋	太陽星君聖誕
廿四	廿三	廿二	廿一	二十	十九
己丑	戊子	丁亥	丙戌	乙酉	甲申
火	火	土	土	水	水
收	成	危	破	執	定
宜	宜	★	宜	宜	★
宜 祭祀、納財 **忌** 祈福、出行、納采、問名、嫁娶、移徙、安床、解除、修造動土、豎柱上樑、開市、立券、交易、破土、安葬、啟攢	**宜** 祭祀、祈福、出行、納采、問名、嫁娶、修造動土、豎柱上樑、開市、立券、交易、納財 **忌** 移徙、破土、安葬、啟攢	**日逢受死日，不宜諸吉事**	**宜** 祭祀、解除 **忌** 祈福、出行、納采、問名、嫁娶、移徙、安床、修造動土、豎柱上樑、開市、立券、交易、納財、破土、安葬、啟攢	**宜** 祭祀、祈福、出行、納采、問名、嫁娶、移徙、解除、豎柱上樑、開市、立券、交易、納財、安葬、入宅 **忌** 修造動土、破土	**忌** 祈福、出行、納采、問名、嫁娶、移徙、安床、解除、修造動土、豎柱上樑、開市、立券、交易、納財、破土、安葬、啟攢
占門廁 外正北	房床碓 外正北	倉庫床 外西北	廚灶栖 外西北	碓磨門 外西北	占門爐 外西北
沖羊18歲煞東	沖馬19歲煞南	沖蛇20歲煞西	沖龍21歲煞北	沖兔22歲煞東	沖虎23歲煞南

庚子年每日宜忌

17	18	19	穀雨	20
五期星	六期星	日期星		一期星
	鬼谷先師千秋	天德月德		東嶽大帝聖誕
廿五	廿六	廿七	亥時 22時45分	廿八
庚寅	辛卯	壬辰		癸巳
木	木	水		水
開	閉	建		除
宜	★	宜		宜
宜出行、納采、問名、移徙、解除、修造動土、豎柱上樑、開市、立券、交易、納財 **忌**祭祀、嫁娶	**忌**祈福、出行、納采、問名、嫁娶、移徙、安床、解除、修造動土、豎柱上樑、開市、立券、交易、納財、破土、安葬、啟攢	**宜**祭祀 **忌**修造動土、破土	**斗指癸為穀雨，言雨生百穀也。時必雨下降，百穀滋長之意。** **節氣諺語：穀雨前三日無茶挽，穀雨後三日挽不及。** 這是指穀雨左右要開始摘採春茶、製春茶，這段期間茶農最為忙碌。	**宜**入宅 **忌**祈福、出行、納采、問名、嫁娶、移徙、安床、修造動土、豎柱上樑、破土、安葬、啟攢
碓磨爐外正北	廚灶門外正北	倉庫栖外正北		占房床房內北
沖猴17歲煞北	沖雞16歲煞西	沖狗15歲煞南		沖豬14歲煞東

21	22	23	24	25
星期二	星期三	星期四	星期五	星期六
			天德合 月德合	
廿九	三十	四月	初二	初三
甲午	乙未	丙申	丁酉	戊戌
金	金	火	火	木
滿	平	定	執	破
宜	★	宜	宜	宜
宜祭祀 **忌**祈福、出行、納采、問名、嫁娶、移徙、安床、解除、修造動土、豎柱上樑、開市、立券、交易、納財、破土、安葬、啟攢	**諸事不宜**	**宜**祭祀 **忌**祈福、出行、納采、問名、嫁娶、移徙、安床、解除、修造動土、豎柱上樑、開市、立券、交易、納財、破土、安葬、啟攢	**宜**祭祀、祈福、出行、納采、問名、嫁娶、移徙、解除、豎柱上樑、立券、交易、納財、安葬、入宅 **忌**修造動土、破土	**宜**祭祀、解除 **忌**祈福、出行、納采、問名、嫁娶、移徙、安床、修造動土、豎柱上樑、開市、立券、交易、納財、破土、安葬、啟攢
占門碓 房內北	碓磨廁 房內北	廚灶爐 房內北	倉庫門 房內北	房床栖 房內南
沖鼠 13歲 煞北	沖牛 12歲 煞西	沖虎 11歲 煞南	沖兔 10歲 煞東	沖龍 9歲 煞北

庚子年每日宜忌

26	27	28	29	30
日期星	**一期星**	**二期星**	**三期星**	**四期星**
文殊菩薩聖誕 刀砧日	刀砧日		天德 月德 勿探病	佛陀誕辰 紀念日
初四	**初五**	**初六**	**初七**	**初八**
己亥	庚子	辛丑	壬寅	癸卯
木	土	土	金	金
危	成	收	開	閉
★	**宜**	**宜**	**宜**	★
日逢受死日，不宜諸吉事	**宜**祭祀、祈福、出行、納采、問名、嫁娶、解除、修造動土、豎柱上樑、開市、立券、交易、納財、破土、啟攢 **忌**移徙	**宜**祭祀、納財 **忌**祈福、出行、納采、問名、嫁娶、移徙、安床、解除、修造動土、豎柱上樑、開市、立券、交易、破土、安葬、啟攢	**宜**出行、納采、問名、嫁娶、移徙、解除、修造動土、豎柱上樑、開市、立券、交易、入宅 **忌**祭祀	**忌**祈福、出行、納采、問名、嫁娶、移徙、安床、解除、修造動土、豎柱上樑、開市、立券、交易、納財、破土、安葬、啟攢
占門床 房內南	占碓磨 房內南	廚灶廁 房內南	倉庫爐 房內南	房床門 房內南
沖蛇 8歲 煞西	沖馬 7歲 煞南	沖羊 6歲 煞東	沖猴 5歲 煞北	沖雞 4歲 煞西

二〇二〇年 國曆五月大	1	2	3	4	5
	星期五	星期六	星期日	星期一	星期二
				天德合 月德合	
農曆四月 辛巳 梅月 煞東方 立夏東風少病痾，晴逢初八果生多 雷鳴甲子庚辰日，定主蝗蟲侵損禾	初九	初十	十一	十二	十三
	甲辰	乙巳	丙午	丁未	戊申
	火	火	水	水	土
	建	除	滿	平	平定
	★	宜	宜	宜	宜
	忌祈福、出行、納采、問名、嫁娶、移徙、安床、解除、修造動土、豎柱上樑、開市、立券、交易、納財、破土、安葬、啟攢	**宜**入宅 **忌**祈福、出行、納采、問名、嫁娶、移徙、安床、修造動土、豎柱上樑、破土、安葬、啟攢	**宜**祭祀 **忌**祈福、出行、納采、問名、嫁娶、移徙、安床、解除、修造動土、豎柱上樑、開市、立券、交易、納財、破土、安葬、啟攢	**宜**祭祀 **忌**祈福、出行、納采、問名、嫁娶、移徙、安床、解除、修造動土、豎柱上樑、開市、立券、交易、納財、破土、安葬、啟攢	**宜**祭祀 **忌**祈福、安床
每日胎神占方	門雞栖 房內東	碓磨床 房內東	廚灶碓 房內東	倉庫廁 房內東	房床爐 房內東
每日沖煞年齡	沖狗 3歲 煞南	沖豬 2歲 煞東	沖鼠 1歲 煞北	沖牛 60歲 煞西	沖虎 59歲 煞南

立夏

辰時 08時51分

斗指東南維為立夏，萬物至此皆已長大，故名立夏。

節氣諺語：立夏，補老父。

民俗上，立夏日要為年老的父親進補。

6	7	8	9	10
三期星	四期星	五期星	六期星	日期星
純陽祖師聖誕	月德	天德		
十四	十五	十六	十七	十八
己酉	庚戌	辛亥	壬子	癸丑
土	金	金	木	木
定	執	破	危	成
宜	宜	宜	★	宜
宜 祭祀、祈福、出行、納采、問名、嫁娶、移徙、豎柱上樑、開市、立券、交易、納財、安葬、入宅 **忌** 解除、修造動土、破土	**宜** 祭祀、祈福、納采、問名、嫁娶、移徙、解除、修造動土、豎柱上樑、安葬 **忌** 出行	**宜** 祭祀、解除 **忌** 祈福、出行、納采、問名、嫁娶、移徙、安床、修造動土、豎柱上樑、開市、立券、交易、納財、破土、安葬、啟攢	**忌** 祈福、出行、納采、問名、嫁娶、移徙、安床、解除、修造動土、豎柱上樑、開市、立券、交易、納財、破土、安葬、啟攢	**宜** 出行、修造動土、豎柱上樑、開市、立券、交易、納財 **忌** 納采、問名、嫁娶、移徙
占大門 外東北	碓磨栖 外東北	廚灶床 外東北	倉庫碓 外東北	房床廁 外東北
沖兔 58歲 煞東	沖龍 57歲 煞北	沖蛇 56歲 煞西	沖馬 55歲 煞南	沖羊 54歲 煞東

庚子年每日宜忌

11	12	13	14	15	16
一期星	二期星	三期星	四期星	五期星	六期星
刀砧日 勿探病	月德合 刀砧日 勿探病	托塔天王聖誕 天德合			
十九	二十	廿一	廿二	廿三	廿四
甲寅	乙卯	丙辰	丁巳	戊午	己未
水	水	土	土	火	火
收	開	閉	建	除	滿
★	宜	宜	★	宜	宜
忌祭祀、祈福、出行、納采、問名、嫁娶、移徙、安床、解除、修造動土、豎柱上樑、開市、立券、交易、納財、破土、安葬、啟攢	**宜**祭祀、祈福、出行、納采、問名、嫁娶、移徙、解除、修造動土、豎柱上樑、開市、立券、交易、納財	**宜**祭祀 **忌**祈福、出行、納采、問名、嫁娶、移徙、安床、解除、修造動土、豎柱上樑、開市、立券、交易、納財、破土、安葬、啟攢	**日逢受死日，不宜諸吉事**	**宜**祭祀、入宅 **忌**祈福、出行、納采、問名、嫁娶、移徙、安床、解除、修造動土、豎柱上樑、開市、立券、交易、納財	**宜**祭祀 **忌**祈福、出行、納采、問名、嫁娶、移徙、安床、解除、修造動土、豎柱上樑、開市、立券、交易、納財、破土、安葬、啟攢
占門爐 外東北	碓磨門 外正東	廚灶栖 外正東	倉庫床 外正東	房床碓 外正東	占門廁 外正東
沖猴 53歲 煞北	沖雞 52歲 煞西	沖狗 51歲 煞南	沖豬 50歲 煞東	沖鼠 49歲 煞北	沖牛 48歲 煞西

17	18	19	20	小滿	21
日期星	一期星	二期星	三期星		四期星
月德	神農大帝聖誕 天德	范五王爺千秋			
廿五	廿六	廿七	廿八	亥時 21時49分	廿九
庚申	辛酉	壬戌	癸亥		甲子
木	木	水	水		金
平	定	執	破		危
宜	宜	宜	★		宜
宜祭祀、出行、移徙、修造動土、豎柱上樑、開市、立券、交易、納財、破土、安葬 **忌**祈福、納采、問名、嫁娶、安床、解除	**宜**祭祀、祈福、出行、納采、問名、嫁娶、移徙、解除、修造動土、豎柱上樑、開市、立券、交易、納財、破土、安葬、入宅	**宜**解除 **忌**出行、開市、立券、交易、納財	**諸事不宜**	**斗指甲為小滿，萬物長於此少得盈滿，麥至此方，小滿而未全熟，故名。節氣諺語：小滿櫃，芒種穗。**水稻在小滿前後開始含苞，到芒種左右會吐穗開花。	**宜**入宅 **忌**祈福、出行、納采、問名、嫁娶、移徙、安床、解除、修造動土、豎柱上樑、開市、立券、交易、納財
碓磨爐 外東南	廚灶門 外東南	倉庫栖 外東南	占房床 外東南		占門碓 外東南
沖虎 47歲 煞南	沖兔 46歲 煞東	沖龍 45歲 煞北	沖蛇 44歲 煞西		沖馬 43歲 煞南

22	23	24	25	26
五期星	**六期星**	**日期星**	**一期星**	**二期星**
月德合	天德合 刀砧日	刀砧日		
三十	**閏四月**	**初二**	**初三**	**初四**
乙丑	丙寅	丁卯	戊辰	己巳
金	火	火	木	木
成	收	開	閉	建
宜	**宜**	**宜**	★	★
宜祭祀、祈福、出行、納采、問名、嫁娶、解除、修造動土、豎柱上樑、開市、立券、交易、納財、安葬 **忌**移徙	**宜**出行、納采、問名、嫁娶、移徙、解除、豎柱上樑、立券、交易、納財 **忌**祭祀、修造動土、破土	**宜**祭祀	**諸事不宜**	**日逢受死日，不宜諸吉事**
碓磨廁 外東南	廚灶爐 外正南	倉庫門 外正南	房床栖 外正南	占門床 外正南
沖羊 42歲 煞東	沖猴 41歲 煞北	沖雞 40歲 煞西	沖狗 39歲 煞南	沖豬 38歲 煞東

庚子年每日宜忌

27	28	29	30	31
星期三	星期四	星期五	星期六	星期日
月德 勿探病	天德			
初五	初六	初七	初八	初九
庚午	辛未	壬申	癸酉	甲戌
土	土	金	金	火
除	滿	平	定	執
宜	宜	宜	宜	宜
宜祭祀、祈福、出行、納采、問名、嫁娶、移徙、解除、修造動土、豎柱上樑、破土、安葬	**宜**祭祀、解除 **忌**祈福、出行、納采、問名、嫁娶、移徙、安床、修造動土、豎柱上樑、開市、立券、交易、納財、破土、安葬、啟攢	**宜**祭祀 **忌**祈福、出行、安床、解除、修造動土、豎柱上樑	**宜**出行、納采、問名、嫁娶、移徙、修造動土、豎柱上樑、開市、立券、交易、納財、破土、安葬、入宅 **忌**解除	**宜**嫁娶、解除 **忌**出行、開市、立券、交易、納財
占碓磨 外正南	廚灶廁 外西南	倉庫爐 外西南	房床門 外西南	門碓栖 外西南
沖鼠 37歲 煞北	沖牛 36歲 煞西	沖虎 35歲 煞南	沖兔 34歲 煞東	沖龍 33歲 煞北

庚子年每日宜忌

二〇二〇年 國曆六月小	1	2	3	4	5
	星期一	星期二	星期三	星期四	星期五
	月德合	天德合		刀砧日	刀砧日 勿探病
農曆五月 壬午 蒲月 煞北方 端陽有雨是豐年，芒種聞雷美亦然 夏至風從西北起，瓜蔬園內受熬煎	初十	十一	十二	十三	十四
	乙亥	丙子	丁丑	戊寅	己卯
	火	水	水	土	土
	破	危	成	收	收開
	宜	宜	宜	★	宜
	宜 祭祀、解除 **忌** 祈福、出行、納采、問名、嫁娶、移徙、安床、修造動土、豎柱上樑、開市、立券、交易、納財、破土、安葬、啟攢	**宜** 祭祀、祈福、出行、移徙、安床、解除、修造動土、豎柱上樑、入宅 **忌** 納采、問名、嫁娶、安葬	**宜** 出行、納采、問名、嫁娶、修造動土、豎柱上樑、開市、立券、交易、納財 **忌** 嫁娶、移徙	**忌** 祭祀、祈福、出行、納采、問名、嫁娶、移徙、安床、解除、修造動土、豎柱上樑、開市、立券、交易、納財、破土、安葬、啟攢	**宜** 祭祀 **忌** 祈福、出行、納采、問名、嫁娶、移徙、安床、解除、修造動土、豎柱上樑、開市、立券、交易、納財、破土、安葬、啟攢
每日胎神占方	碓磨床 外西南	廚灶碓 外西南	倉庫廁 外正西	房床爐 外正西	占大門 外正西
每日沖煞年齡	沖蛇 32歲 煞西	沖馬 31歲 煞南	沖羊 30歲 煞東	沖猴 29歲 煞北	沖雞 28歲 煞西

10	9	8	7	6	芒種
三期星	二期星	一期星	日期星	六期星	
		勿探病	月德合		
十九	十八	十七	十六	十五	午時 12時58分
申甲	未癸	午壬	巳辛	辰庚	
水	木	木	金	金	
滿	除	建	閉	開	
宜	宜	★	宜	宜	
宜祭祀、祈福、出行、嫁娶、移徙、解除、開市、納財、破土、安葬、入宅 **忌**納采、問名、安床、立券、交易	**宜**出行、嫁娶、解除、立券、交易、納財、安葬、入宅	**諸事不宜**	**宜**祭祀 **忌**祈福、出行、解除	**宜**祭祀、祈福、出行、納采、問名、移徙、解除、修造動土、豎柱上樑、入宅 **忌**開市、立券、交易、納財	**斗指巳為芒種，此時可有種芒之穀，過此即失效，故名芒種。** **節氣諺語：芒種蝶仔討無食。** 指芒種前後，百花花期已過，蝴蝶無花粉可採。
占門爐 外西北	房床廁 外西北	倉庫碓 外西北	廚灶床 外正西	碓磨栖 外正西	
沖虎 23歲 煞南	沖牛 24歲 煞西	沖鼠 25歲 煞北	沖豬 26歲 煞東	沖狗 27歲 煞南	

庚子年每日宜忌

11	12	13	14	15	16
四期星	五期星	六期星	日期星	一期星	二期星
	月德				刀砧日
二十	廿一	廿二	廿三	廿四	廿五
酉乙	戌丙	亥丁	子戊	丑己	寅庚
水	土	土	火	火	木
平	定	執	破	危	成
★	宜	宜	★	宜	宜
忌祈福、出行、納采、問名、嫁娶、移徙、安床、解除、修造動土、豎柱上樑、開市、立券、交易、納財、破土、安葬、啟攢	**宜**祭祀、祈福、出行、納采、問名、嫁娶、移徙、解除、修造動土、豎柱上樑、立券、交易、納財、入宅	**宜**祭祀 **忌**祈福、出行、納采、問名、嫁娶、移徙、安床、解除、修造動土、豎柱上樑、開市、立券、交易、納財、破土、安葬、啟攢	**日逢受死日，不宜諸吉事**	**宜**祭祀 **忌**祈福、出行、納采、問名、嫁娶、移徙、安床、解除、修造動土、豎柱上樑、開市、立券、交易、納財、破土、安葬、啟攢	**宜**出行、納采、問名、嫁娶、修造動土、豎柱上樑、開市、立券、交易、納財、破土、啟攢 **忌**祭祀、移徙
碓磨門 外西北	廚灶栖 外西北	倉庫床 外西北	房床碓 外正北	占門廁 外正北	碓磨爐 外正北
沖兔 22歲 煞東	沖龍 21歲 煞北	沖蛇 20歲 煞西	沖馬 19歲 煞南	沖羊 18歲 煞東	沖猴 17歲 煞北

庚子年每日宜忌

夏至	21	20	19	18	17
	星期日	星期六	星期五	星期四	星期三
		天赦日			月德合 刀砧日
卯時 05時44分	五月	廿九	廿八	廿七	廿六
	乙未	甲午	癸巳	壬辰	辛卯
	金	金	水	水	木
	除	建	閉	開	收
	宜	宜	宜	宜	宜
斗指乙為夏至，萬物於此皆長大而極至，時夏將至，故名。 節氣諺語：夏至，風颱就出世。 指夏至後，台灣就開始進入颱風季節。	**宜** 出行、嫁娶、解除、立券、交易、納財、安葬、入宅	**宜** 祭祀 **忌** 祈福、出行、納采、問名、嫁娶、移徙、安床、解除、修造動土、豎柱上樑、開市、立券、交易、納財、破土、安葬、啟攢	**宜** 入宅 **忌** 祈福、出行、納采、問名、嫁娶、移徙、安床、解除、修造動土、豎柱上樑、開市、破土、安葬、啟攢	**宜** 祭祀、祈福、出行、納采、問名、移徙、解除、修造動土、豎柱上樑、入宅 **忌** 開市、立券、交易、納財	**宜** 祭祀 **忌** 出行、嫁娶、移徙
	碓磨廁房內北	占門碓房內北	占房床房內北	倉庫棲外正北	廚灶門外正北
	沖牛12歲煞西	沖鼠13歲煞北	沖豬14歲煞東	沖狗15歲煞南	沖雞16歲煞西

22	23	24	25	26
星期一	星期二	星期三	星期四	星期五
月德			端午節	清水祖師成道日
初二	初三	初四	初五	初六
丙申	丁酉	戊戌	己亥	庚子
火	火	木	木	土
滿	平	定	執	破
宜	★	宜	宜	★
宜 祭祀、祈福、出行、納采、問名、嫁娶、移徙、解除、修造動土、豎柱上樑、開市、立券、交易、納財、破土、安葬、入宅 **忌** 安床	**忌** 祈福、出行、納采、問名、嫁娶、移徙、安床、解除、修造動土、豎柱上樑、開市、立券、交易、納財、破土、安葬、啟攢	**宜** 祭祀、祈福、出行、納采、問名、嫁娶、移徙、修造動土、豎柱上樑、立券、交易、納財、入宅 **忌** 解除	**宜** 祭祀 **忌** 祈福、出行、納采、問名、嫁娶、移徙、安床、解除、修造動土、豎柱上樑、開市、立券、交易、納財、破土、安葬、啟攢	**日逢受死日，不宜諸吉事**
廚灶爐 房內北	倉庫門 房內北	房床栖 房內南	占門床 房內南	占碓磨 房內南
沖虎 11歲 煞南	沖兔 10歲 煞東	沖龍 9歲 煞北	沖蛇 8歲 煞西	沖馬 7歲 煞南

庚子年每日宜忌

30	29	28	27
二期星	一期星	日期星	六期星
	刀砧日	刀砧日 勿探病	巧聖先師聖誕 月德合
初十	**初九**	**初八**	**初七**
甲辰	癸卯	壬寅	辛丑
火	金	金	土
開	收	成	危
宜	**宜**	**宜**	**宜**
宜祭祀、祈福、出行、納采、問名、移徙、解除、豎柱上樑、入宅 **忌**修造動土、開市、立券、交易、納財、破土	**宜**祭祀 **忌**祈福、出行、納采、問名、嫁娶、移徙、安床、解除、修造動土、豎柱上樑、開市、立券、交易、納財、破土、安葬、啟攢	**宜**出行、納采、問名、嫁娶、修造動土、豎柱上樑、開市、立券、交易、納財、破土、啟攢 **忌**祭祀、移徙	**宜**祭祀
門雞栖 房內東	房床門 房內南	倉庫爐 房內南	廚灶廁 房內南
沖狗 3歲 煞南	沖雞 4歲 煞西	沖猴 5歲 煞北	沖羊 6歲 煞東

二〇二〇年 國曆七月大	1	2	3	4	5
	星期三	星期四	星期五	星期六	星期日
	天下都城隍千秋	月德	霞海城隍千秋		
農曆六月 癸未 巧月 煞南方 小暑之中逢酷熱，五穀田中多不結 大暑若不見災厄，定主三冬多雨雪	十一	十二	十三	十四	十五
	乙巳	丙午	丁未	戊申	己酉
	火	水	水	土	土
	閉	建	除	滿	平
	★	★	宜	宜	宜
	忌祈福、出行、納采、問名、嫁娶、移徙、安床、解除、修造動土、豎柱上樑、開市、破土、安葬、啟攢	**諸事不宜**	**宜**祭祀、祈福、出行、納采、問名、嫁娶、移徙、安床、解除、修造動土、豎柱上樑、開市、立券、交易、納財、入宅	**宜**祭祀、祈福、出行、嫁娶、移徙、解除、修造動土、豎柱上樑、開市、納財、入宅 **忌**納采、問名、安床、立券、交易	**宜**祭祀 **忌**祈福、出行、納采、問名、嫁娶、移徙、安床、解除、修造動土、豎柱上樑、開市、立券、交易、納財、破土、安葬、啟攢
每日胎神占方	碓磨床 房內東	廚灶碓 房內東	倉庫廁 房內東	房床爐 房內東	占大門 外東北
每日沖煞年齡	沖豬 2歲 煞東	沖鼠 1歲 煞北	沖牛 60歲 煞西	沖虎 59歲 煞南	沖兔 58歲 煞東

6	小暑	7	8	9
一期星		二期星	三期星	四期星
		蕭府王爺千秋	張天師聖誕	
十六	子時 23時14分	十七	十八	十九
庚戌		辛亥	壬子	癸丑
金		金	木	木
平定		定	執	破
宜		宜	★	★
諸事不宜	斗指辛為小暑，斯時天氣已熱，尚未達於極點，故名小暑。節氣諺語：小暑過，一日熱三分。指小暑過後，天氣會一天比一天熱。	**宜** 祭祀、祈福、出行、納采、問名、移徙、修造動土、豎柱上樑、立券、交易、納財、入宅 **忌** 嫁娶、解除、破土、安葬、啟攢	**忌** 祈福、出行、納采、問名、嫁娶、移徙、安床、解除、修造動土、豎柱上樑、開市、立券、交易、納財、破土、安葬、啟攢	諸事不宜
碓磨栖 外東北		廚灶床 外東北	倉庫碓 外東北	房床廁 外東北
沖龍 57歲 煞北		沖蛇 56歲 煞西	沖馬 55歲 煞南	沖羊 54歲 煞東

10	11	12	13	14	15
五期星	六期星	日期星	一期星	二期星	三期星
天德 月德 刀砧日 勿探病	刀砧日 勿探病				天德合 月德合
二十	廿一	廿二	廿三	廿四	廿五
甲寅	乙卯	丙辰	丁巳	戊午	己未
水	水	土	土	火	火
危	成	收	開	閉	建
宜	宜	宜	★	★	宜
宜出行、移徙、安床、修造動土、豎柱上樑、開市、立券、交易、納財、破土、安葬、啟攢、入宅 **忌**祭祀、祈福、納采、問名、嫁娶、解除	**宜**出行、納采、問名、嫁娶、移徙、修造動土、豎柱上樑、開市、立券、交易、納財、破土、啟攢、入宅	**宜**祭祀、納財 **忌**祈福、出行、納采、問名、嫁娶、移徙、安床、解除、修造動土、豎柱上樑、開市、立券、交易、破土、安葬、啟攢	**諸事不宜**	**日逢受死日，不宜諸吉事**	**宜**祭祀、出行、移徙、納財 **忌**祈福、納采、問名、嫁娶、解除、修造動土、豎柱上樑、破土、安葬、啟攢
占門爐 外東北	碓磨門 外正東	廚灶栖 外正東	倉庫床 外正東	房床碓 外正東	占門廁 外正東
沖猴 53歲 煞北	沖雞 52歲 煞西	沖狗 51歲 煞南	沖豬 50歲 煞東	沖鼠 49歲 煞北	沖牛 48歲 煞西

庚子年每日宜忌

21	20	19	18	17	16
二期星	**一期星**	**日期星**	**六期星**	**五期星**	**四期星**
	天德 月德				初伏
六月	**三十**	**廿九**	**廿八**	**廿七**	**廿六**
乙丑	甲子	癸亥	壬戌	辛酉	庚申
金	金	水	水	木	木
破	執	定	平	滿	除
★	**宜**	★	★	**宜**	**宜**
諸事不宜	**宜** 祭祀、祈福、出行、納采、問名、嫁娶、解除、修造動土、豎柱上樑、安葬 **忌** 移徙	**忌** 祈福、出行、納采、問名、嫁娶、移徙、安床、解除、修造動土、豎柱上樑、開市、立券、交易、納財、破土、安葬、啟攢	**諸事不宜**	**宜** 祭祀 **忌** 祈福、出行、納采、問名、嫁娶、移徙、安床、解除、修造動土、豎柱上樑、開市、立券、交易、納財、破土、安葬、啟攢	**宜** 祭祀、入宅 **忌** 出行、納采、問名、嫁娶、移徙、安床、修造動土、豎柱上樑、開市、立券、交易、納財
碓磨廁 外東南	占門碓 外東南	占房床 外東南	倉庫栖 外東南	廚灶門 外東南	碓磨爐 外東南
沖羊 42歲 煞東	沖馬 43歲 煞南	沖蛇 44歲 煞西	沖龍 45歲 煞北	沖兔 46歲 煞東	沖虎 47歲 煞南

22	大暑	23	24	25
三期星		四期星	五期星	六期星
刀砧日		韋陀尊者聖誕 刀砧日		天德合 月德合
初二	申時 16時37分	初三	初四	初五
丙寅		丁卯	戊辰	己巳
火		火	木	木
危		成	收	開
宜		宜	宜	宜
宜 開市、立券、交易、納財、破土、安葬、啟攢、入宅 **忌** 祭祀、祈福、解除	**斗指丙為大暑，斯時天氣甚熱於小暑，故名大暑。** **節氣諺語：大暑熱不透，大水風颱到。** 大暑這天如果天氣不熱，表氣候不順，容易有水災、颱風等災害。	**宜** 出行、納采、問名、嫁娶、移徙、修造動土、豎柱上樑、開市、立券、交易、納財、破土、啟攢、入宅	**宜** 祭祀、納財 **忌** 祈福、出行、納采、問名、嫁娶、移徙、安床、解除、修造動土、豎柱上樑、開市、立券、交易、破土、安葬、啟攢	**宜** 祭祀、入宅 **忌** 祈福、出行、納采、問名、嫁娶、移徙、安床、解除、修造動土、豎柱上樑、開市、立券、交易、納財、破土、安葬、啟攢
廚灶爐 外正南		倉庫門 外正南	房床栖 外正南	占門床 外正南
沖猴 41歲 煞北		沖雞 40歲 煞西	沖狗 39歲 煞南	沖豬 38歲 煞東

庚子年每日宜忌

31	30	29	28	27	26
星期五	星期四	星期三	星期二	星期一	星期日
田都元帥 千秋	天德 月德				勿探病 中伏
十一	初十	初九	初八	初七	初六
乙亥	甲戌	癸酉	壬申	辛未	庚午
火	火	金	金	土	土
定	平	滿	除	建	閉
宜	宜	宜	宜	宜	★
宜納采、問名、修造動土、豎柱上樑、立券、交易、納財、入宅 **忌**嫁娶、解除、破土、安葬、啟攢	**宜**祭祀 **忌**祈福、出行、納采、問名、嫁娶、移徙、安床、解除、修造動土、豎柱上樑、開市、立券、交易、納財、破土、安葬、啟攢	**宜**祭祀 **忌**祈福、出行、納采、問名、嫁娶、移徙、安床、解除、修造動土、豎柱上樑、開市、立券、交易、納財、破土、安葬、啟攢	**宜**祭祀 **忌**出行、納采、問名、移徙、安床、修造動土、豎柱上樑、開市、立券、交易、納財	**宜**祭祀、祈福、出行、納采、問名、移徙、解除、豎柱上樑、納財、入宅 **忌**修造動土、破土	**日逢受死日，不宜諸吉事**
碓磨床 外西南	門碓栖 外西南	房床門 外西南	倉庫爐 外西南	廚灶廁 外西南	占碓磨 外正南
沖蛇 32歲 煞西	沖龍 33歲 煞北	沖兔 34歲 煞東	沖虎 35歲 煞南	沖牛 36歲 煞西	沖鼠 37歲 煞北

二〇二〇年 國曆八月大	1	2	3	4	5
	星期六	星期日	星期一	星期二	星期三
			刀砧日	先天王靈官聖誕 天德合 月德合 刀砧日 勿探病	
農曆七月 甲申 巧月 煞南方 立秋無雨是堪憂，萬物從來只半收 處暑若逢天下雨，縱然結實也難留	十二	十三	十四	十五	十六
	丙子	丁丑	戊寅	己卯	庚辰
	水	水	土	土	金
	執	破	危	成	收
	★	★	宜	宜	宜
	忌祈福、出行、納采、問名、嫁娶、移徙、安床、解除、修造動土、豎柱上樑、開市、立券、交易、納財、破土、安葬、啟攢	**諸事不宜**	**宜**出行、納采、問名、移徙、安床、修造動土、豎柱上樑、開市、立券、交易、納財、入宅 **忌**祭祀、祈福、解除	**宜**祭祀、祈福、出行、納采、問名、嫁娶、移徙、安床、解除、修造動土、豎柱上樑、開市、立券、交易、納財、入宅	**宜**祭祀、納財 **忌**祈福、出行、納采、問名、嫁娶、移徙、安床、解除、修造動土、豎柱上樑、開市、立券、交易、破土、安葬、啟攢
每日胎神占方	廚灶碓 外西南	倉庫廁 外正西	房床爐 外正西	占大門 外正西	碓磨栖 外正西
每日沖煞年齡	沖馬 31歲 煞南	沖羊 30歲 煞東	沖猴 29歲 煞北	沖雞 28歲 煞西	沖狗 27歲 煞南

庚子年每日宜忌

6	7	立秋	8	9
星期四	星期五		星期六	星期日
	月德 刀砧日 勿探病		觀世音菩薩成道日 天德	
十七	十八	巳時 09時06分	十九	二十
辛巳	壬午		癸未	甲申
金	木		木	水
開	開閉		閉	建
宜	宜		宜	宜
宜祭祀 **忌**祈福、出行、納采、問名、嫁娶、移徙、安床、解除、修造動土、豎柱上樑、開市、立券、交易、納財、破土、安葬、啟攢	**宜**祭祀、祈福、出行、納采、問名、嫁娶、移徙、解除、修造動土、豎柱上樑、開市、納財	**斗指西南維為立秋，陰意出地始殺萬物，按秋訓禾，穀熟。** **節氣諺語：六月秋，快溜溜，七月秋，秋後油。** 指如果立秋在農曆六月，漁業作業期會提早結束，如果落在七月，表示天氣穩定，漁業會較晚結束。	**宜**祭祀 **忌**祈福、出行、納采、問名、嫁娶、移徙、安床、解除、修造動土、豎柱上樑、開市、立券、交易、納財、破土、安葬、啟攢	**宜**出行、嫁娶、納財 **忌**祈福、納采、問名、安床、解除、修造動土、豎柱上樑、立券、交易、破土、安葬、啟攢
廚灶床 外正西	倉庫碓 外西北		房床廁 外西北	占門爐 外西北
沖豬 26歲 煞東	沖鼠 25歲 煞北		沖牛 24歲 煞西	沖虎 23歲 煞南

10	11	12	13	14	15
星期一	星期二	星期三	星期四	星期五	星期六
		月德合	關聖帝君聖誕 天德合		末伏
廿一	廿二	廿三	廿四	廿五	廿六
乙酉	丙戌	丁亥	戊子	己丑	庚寅
水	土	土	火	火	木
除	滿	平	定	執	破
宜	★	宜	宜	★	★
宜 解除、破土、安葬 **忌** 出行、納采、問名、嫁娶、移徙、立券、交易	**忌** 祭祀、納采、問名、嫁娶、開市、立券、交易、納財	**宜** 祭祀、出行、納采、問名、移徙、豎柱上樑 **忌** 祈福、嫁娶、解除、修造動土、破土	**宜** 祭祀、祈福、出行、納采、問名、嫁娶、移徙、解除、修造動土、豎柱上樑、開市、立券、交易、納財、安葬、入宅	**日逢受死日，不宜諸吉事**	**諸事不宜**
碓磨門 外西北	廚灶棲 外西北	倉庫床 外西北	房床碓 外正北	占門廁 外正北	碓磨爐 外正北
沖兔22歲煞東	沖龍21歲煞北	沖蛇20歲煞西	沖馬19歲煞南	沖羊18歲煞東	沖猴17歲煞北

庚子年每日宜忌

21	20	19	18	17	16
星期五	星期四	星期三	星期二	星期一	星期日
		刀砧日	天德 刀砧日	月德	
初三	**初二**	**七月**	**廿九**	**廿八**	**廿七**
丙申	乙未	甲午	癸巳	壬辰	辛卯
火	金	金	水	水	木
建	閉	開	收	成	危
宜	★	**宜**	**宜**	**宜**	**宜**
宜 出行、納財 **忌** 祈福、納采、問名、安床、解除、修造動土、豎柱上樑、立券、交易、破土、安葬、啟攢	**諸事不宜**	**宜** 祭祀 **忌** 納采、問名、安床	**宜** 祭祀、祈福、納采、問名、嫁娶、移徙、解除、修造動土、豎柱上樑、開市、立券、交易、納財、入宅 **忌** 出行	**宜** 祭祀、祈福、解除、修造動土、豎柱上樑、開市、立券、交易、納財、安葬 **忌** 出行、納采、問名、嫁娶、移徙	**宜** 祭祀、啟攢、入宅 **忌** 祈福、出行、納采、問名、嫁娶、移徙、安床、解除、修造動土、豎柱上樑、開市、立券、交易、納財、破土
廚灶爐 房內北	碓磨廁 房內北	占門碓 房內北	占房床 房內北	倉庫栖 外正北	廚灶門 外正北
沖虎 11歲 煞南	沖牛 12歲 煞西	沖鼠 13歲 煞北	沖豬 14歲 煞東	沖狗 15歲 煞南	沖雞 16歲 煞西

22	處暑	23	24	25
星期六		星期日	星期一	星期二
月德合		天德合		七星娘娘千秋
初四	子時 23時45分	初五	初六	初七
丁酉		戊戌	己亥	庚子
火		木	木	土
除		滿	平	定
宜		宜	宜	宜
宜祭祀、祈福、納采、問名、解除、修造動土、豎柱上樑、破土、安葬 **忌**出行、嫁娶、移徙	斗指戊為處暑，暑將退，伏而潛處，故名。節氣諺語：處暑，會曝死老鼠。指雖然已經進入秋天，但此時天氣還是會酷熱，所謂的秋老虎。	**宜**出行、納采、問名、嫁娶、移徙、解除、修造動土、豎柱上樑、開市、立券、交易、納財、安葬 **忌**祭祀	**宜**祭祀 **忌**祈福、出行、納采、問名、嫁娶、移徙、安床、解除、修造動土、豎柱上樑、開市、立券、交易、納財、破土、安葬、啟攢	**宜**祭祀、祈福、出行、移徙、修造動土、豎柱上樑、開市、立券、交易、納財、入宅 **忌**納采、問名、嫁娶、解除、破土、安葬、啟攢
倉庫門 房內北		房床栖 房內南	占門床 房內南	占碓磨 房內南
沖兔 10歲 煞東		沖龍 9歲 煞北	沖蛇 8歲 煞西	沖馬 7歲 煞南

庚子年每日宜忌

31	30	29	28	27	26
一期星	**日期星**	**六期星**	**五期星**	**四期星**	**三期星**
大勢至菩薩聖誕 刀砧日	刀砧日		天德	月德 勿探病	
十三	**十二**	**十一**	**初十**	**初九**	**初八**
丙午	乙巳	甲辰	癸卯	壬寅	辛丑
水	火	火	金	金	土
開	收	成	危	破	執
宜	**宜**	**宜**	**宜**	★	★
宜祭祀 **忌**納采、問名、嫁娶	**宜**嫁娶、開市、立券、交易、納財 **忌**出行	**宜**祭祀、入宅 **忌**祈福、出行、納采、問名、嫁娶、移徙、安床、解除、修造動土、豎柱上樑、開市、立券、交易、納財、破土、安葬、啟攢	**宜**祭祀、祈福、出行、納采、問名、嫁娶、移徙、安床、解除、豎柱上樑、立券、交易、納財、安葬、啟攢、入宅 **忌**修造動土、破土	**忌**祭祀、祈福、出行、納采、問名、嫁娶、移徙、安床、解除、修造動土、豎柱上樑、開市、立券、交易、納財、破土、安葬、啟攢	**日逢受死日，不宜諸吉事**
廚灶碓 房內東	碓磨床 房內東	門雞栖 房內東	房床門 房內南	倉庫爐 房內南	廚灶廁 房內南
沖鼠 1歲 煞北	沖豬 2歲 煞東	沖狗 3歲 煞南	沖雞 4歲 煞西	沖猴 5歲 煞北	沖羊 6歲 煞東

庚子年每日宜忌

二〇二〇年 國曆九月小	1	2	3	4	5
	二期星	三期星	四期星	五期星	六期星
	月德合	地官聖誕 天德合 天赦日			瑤池金母聖誕
農曆八月 乙酉 桂月 煞東方 ── 秋分天氣白雲多，處處歡歌好晚禾 只怕此時雷電閃，冬來米價到如何	十四	十五	十六	十七	十八
	丁未	戊申	己酉	庚戌	辛亥
	水	土	土	金	金
	閉	建	除	滿	平
	宜	宜	宜	★	宜
	宜 祭祀 **忌** 祈福、出行、納采、問名、嫁娶、移徙、安床、解除、修造動土、豎柱上樑、開市、立券、交易、納財、破土、安葬、啟攢	**宜** 祭祀、祈福、出行、納采、問名、嫁娶、移徙、解除、豎柱上樑、納財、安葬	**宜** 解除、破土、安葬 **忌** 出行、納采、問名、嫁娶、移徙、立券、交易	**忌** 祭祀、納采、問名、嫁娶、開市、立券、交易、納財、破土、安葬、啟攢	**宜** 祭祀 **忌** 祈福、出行、納采、問名、嫁娶、移徙、安床、解除、修造動土、豎柱上樑、開市、立券、交易、納財、破土、安葬、啟攢
每日胎神占方	倉庫廁 房內東	房床爐 房內東	占大門 外東北	碓磨栖 外東北	廚灶床 外東北
每日沖煞年齡	沖牛 60歲 煞西	沖虎 59歲 煞南	沖兔 58歲 煞東	沖龍 57歲 煞北	沖蛇 56歲 煞西

6	7	白露	8	9	10
日期星	一期星		二期星	三期星	四期星
值年太歲 星君千秋 月德			勿探病	月德合 勿探病	諸葛武侯 千秋
十九	二十	午時	廿一	廿二	廿三
壬子	癸丑	12時08分	甲寅	乙卯	丙辰
木	木		水	水	土
定	執定		執	破	危
宜	宜		★	★	宜
宜 祭祀、祈福、出行、納采、問名、嫁娶、移徙、解除、修造動土、豎柱上樑、開市、立券、交易、納財、破土、安葬、啟攢、入宅	**宜** 祭祀、祈福、出行、移徙、修造動土、豎柱上樑、立券、交易、納財 **忌** 納采、問名、嫁娶、解除	**斗指癸為白露，陰氣漸重，露凝而白，故名白露。節氣諺語：白露水，卡毒鬼。** 白露雨水性毒，一方面也指天氣變冷，露水冷冽，不利作物生長。	**忌** 祭祀、祈福、出行、納采、問名、嫁娶、移徙、安床、解除、修造動土、豎柱上樑、開市、立券、交易、納財、破土、安葬、啟攢	**諸事不宜**	**宜** 入宅 **忌** 祈福、出行、解除、修造動土、豎柱上樑
倉庫碓 外東北	房床廁 外東北		占門爐 外東北	碓磨門 外正東	廚灶栖 外正東
沖馬 55歲 煞南	沖羊 54歲 煞東		沖猴 53歲 煞北	沖雞 52歲 煞西	沖狗 51歲 煞南

庚子年每日宜忌

11	12	13	14	15
星期五	星期六	星期日	星期一	星期二
延平郡王千秋 刀砧日	刀砧日		月德	
廿四	廿五	廿六	廿七	廿八
丁巳	戊午	己未	庚申	辛酉
土	火	火	木	木
成	收	開	閉	建
宜	宜	★	宜	宜
宜 祭祀、祈福、納采、問名、嫁娶、移徙、修造動土、豎柱上樑、開市、立券、交易、納財、入宅 **忌** 出行、破土、安葬、啟攢	**宜** 祭祀 **忌** 祈福、出行、納采、問名、嫁娶、移徙、安床、解除、修造動土、豎柱上樑、開市、立券、交易、納財、破土、安葬、啟攢	**日逢受死日，不宜諸吉事**	**宜** 祭祀、立券、交易、納財、破土、安葬 **忌** 祈福、納采、問名、嫁娶、安床、解除	**宜** 祭祀 **忌** 祈福、出行、納采、問名、嫁娶、移徙、安床、解除、修造動土、豎柱上樑、開市、立券、交易、納財、破土、安葬、啟攢
倉庫床 外正東	房床碓 外正東	占門廁 外正東	碓磨爐 外東南	廚灶門 外東南
沖豬 50歲 煞東	沖鼠 49歲 煞北	沖牛 48歲 煞西	沖虎 47歲 煞南	沖兔 46歲 煞東

16	17	18	19	20
星期三	星期四	星期五	星期六	星期日
地藏王菩薩聖誕			北斗星君聖誕 月德合	
廿九	八月	初二	初三	初四
壬戌	癸亥	甲子	乙丑	丙寅
水	水	金	金	火
除	滿	平	定	執
宜	宜	宜	宜	★
宜祭祀、出行、移徙、解除、修造動土、豎柱上樑、入宅 **忌**祈福、納采、問名、嫁娶、開市、立券、交易、納財、破土、安葬、啟攢	**宜**祭祀、解除 **忌**嫁娶、破土、安葬、啟攢	**宜**祭祀 **忌**祈福、出行、納采、問名、嫁娶、移徙、安床、解除、修造動土、豎柱上樑、開市、立券、交易、納財、破土、安葬、啟攢	**宜**祭祀、祈福、出行、納采、問名、嫁娶、移徙、解除、修造動土、豎柱上樑、立券、交易、納財、安葬、入宅	**忌**祭祀、祈福、出行、納采、問名、嫁娶、移徙、安床、解除、修造動土、豎柱上樑、開市、立券、交易、納財、破土、安葬、啟攢
倉庫栖外東南	占房床外東南	占門碓外東南	碓磨廁外東南	廚灶爐外正南
沖龍45歲煞北	沖蛇44歲煞西	沖馬43歲煞南	沖羊42歲煞東	沖猴41歲煞北

21	22	秋分	23	24	25
一期星	二期星		三期星	四期星	五期星
雷聲普化天尊聖誕	秋社日		刀砧日	月德 刀砧日 勿探病	
初五	初六	亥時 21時31分	初七	初八	初九
丁卯	戊辰		己巳	庚午	辛未
火	木		木	土	土
破	危		成	收	開
★	宜		宜	宜	★
諸事不宜	**宜** 入宅 **忌** 祈福、出行、納采、問名、嫁娶、移徙、安床、解除、修造動土、豎柱上樑	斗指己為秋分，南北兩半球晝夜均分，又適當秋之半，故名。**節氣諺語：月半看田頭。**指這時期稻作生長的好壞已可以看見。	**宜** 祭祀、祈福、納采、問名、嫁娶、移徙、修造動土、豎柱上樑、開市、立券、交易、納財、入宅 **忌** 出行、破土、安葬、啟攢	**宜** 祭祀 **忌** 出行	**日逢受死日，不宜諸吉事**
倉庫門 外正南	房床栖 外正南		占門床 外正南	占碓磨 外正南	廚灶廁 外西南
沖雞 40歲 煞西	沖狗 39歲 煞南		沖豬 38歲 煞東	沖鼠 37歲 煞北	沖牛 36歲 煞西

庚子年每日宜忌

30	29	28	27	26
星期三	**星期二**	**星期一**	**星期日**	**星期六**
	月德合			
十四	**十三**	**十二**	**十一**	**初十**
丙子	乙亥	甲戌	癸酉	壬申
水	火	火	金	金
平	滿	除	建	閉
宜	**宜**	**宜**	**宜**	**宜**
宜祭祀 **忌**祈福、出行、納采、問名、嫁娶、移徙、安床、解除、修造動土、豎柱上樑、開市、立券、交易、納財、破土、安葬、啟攢	**宜**祭祀、祈福、出行、納采、問名、移徙、解除、修造動土、豎柱上樑、開市、立券、交易、納財、入宅 **忌**嫁娶	**宜**祭祀、出行、解除 **忌**祈福、納采、問名、嫁娶、開市、立券、交易、納財、破土、安葬、啟攢	**宜**祭祀 **忌**祈福、出行、納采、問名、嫁娶、移徙、安床、解除、修造動土、豎柱上樑、開市、立券、交易、納財、破土、安葬、啟攢	**宜**祭祀、納財、破土、安葬 **忌**祈福、出行、納采、問名、嫁娶、移徙、安床、解除、修造動土、豎柱上樑、開市、立券、交易
廚灶碓 外西南	碓磨床 外西南	門碓栖 外西南	房床門 外西南	倉庫爐 外西南
沖馬 31歲 煞南	沖蛇 32歲 煞西	沖龍 33歲 煞北	沖兔 34歲 煞東	沖虎 35歲 煞南

二〇二〇年 國曆十月大	1	2	3	4	5
	四期星	五期星	六期星	日期星	一期星
	中秋節 臨水夫人 千秋		勿探病	九天玄女 千秋 月德	刀砧日
農曆九月 丙戌 菊月 煞北方	十五	十六	十七	十八	十九
	丁丑	戊寅	己卯	庚辰	辛巳
	水	土	土	金	金
	定	執	破	危	成
	宜	★	★	宜	宜
寒露飛霜侵損民，重陽無雨一冬晴 霜降火色人多病，更遇雷聲菜價增	**宜** 納采、問名、嫁娶、修造動土、豎柱上樑、立券、交易、納財、入宅 **忌** 解除	**忌** 祭祀、祈福、出行、納采、問名、嫁娶、移徙、安床、解除、修造動土、豎柱上樑、開市、立券、交易、納財、破土、安葬、啟攢	**諸事不宜**	**宜** 祭祀、祈福、出行、納采、問名、嫁娶、移徙、安床、解除、修造動土、豎柱上樑、開市、立券、交易、納財、安葬、入宅	**宜** 祭祀、祈福、納采、問名、嫁娶、移徙、修造動土、豎柱上樑、開市、立券、交易、納財、入宅 **忌** 出行、破土、安葬、啟攢
每日胎神占方	倉庫廁 外正西	房床爐 外正西	占大門 外正西	碓磨栖 外正西	廚灶床 外正西
每日沖煞年齡	沖羊 30歲 煞東	沖猴 29歲 煞北	沖雞 28歲 煞西	沖狗 27歲 煞南	沖豬 26歲 煞東

6	7	8	寒露	9
星期二	星期三	星期四		星期五
刀砧日 勿探病		廣澤尊王聖誕		
二十	廿一	廿二	寅時 03時55分	廿三
壬午	癸未	甲申		乙酉
木	木	水		水
收	開	開閉		閉
宜	★	宜		★
宜 祭祀 **忌** 祈福、出行、納采、問名、嫁娶、移徙、安床、解除、修造動土、豎柱上樑、開市、立券、交易、納財、破土、安葬、啟攢	**日逢受死日，不宜諸吉事**	**宜** 祭祀、祈福、出行、移徙、解除、修造動土、豎柱上樑、開市、入宅 **忌** 納采、問名、嫁娶、安床、立券、交易	**斗指甲為寒露，斯時露寒冷而將欲凝結，故名寒露。節氣諺語：白露水，寒露風。** 指白露這天如果下雨，則寒露時節會容易有風災。	**忌** 祈福、出行、納采、問名、嫁娶、移徙、安床、解除、修造動土、豎柱上樑、開市、立券、交易、納財、破土、安葬、啟攢
倉庫碓 外西北	房床廁 外西北	占門爐 外西北		碓磨門 外西北
沖鼠 25歲 煞北	沖牛 24歲 煞西	沖虎 23歲 煞南		沖兔 22歲 煞東

庚子年每日宜忌

10	六期星	天德 月德	廿四	丙戌	土	建	宜	**宜**祭祀、祈福、出行、納采、問名、嫁娶、移徙、解除、豎柱上樑、納財、安葬 **忌**修造動土、破土	廚灶栖 外西北	沖龍 21歲 煞北
11	日期星		廿五	丁亥	土	除	★	**忌**祈福、納采、問名、嫁娶、移徙、安床、修造動土、豎柱上樑、破土、安葬、啟攢	倉庫床 外西北	沖蛇 20歲 煞西
12	一期星		廿六	戊子	火	滿	宜	**宜**祭祀 **忌**祈福、出行、納采、問名、嫁娶、移徙、安床、解除、修造動土、豎柱上樑、開市、立券、交易、納財、破土、安葬、啟攢	房床碓 外正北	沖馬 19歲 煞南
13	二期星		廿七	己丑	火	平	★	**諸事不宜**	占門廁 外正北	沖羊 18歲 煞東
14	三期星		廿八	庚寅	木	定	★	**日逢受死日，不宜諸吉事**	碓磨爐 外正北	沖猴 17歲 煞北
15	四期星	天德合 月德合	廿九	辛卯	木	執	宜	**宜**祭祀、祈福、出行、納采、問名、嫁娶、移徙、解除、修造動土、豎柱上樑、開市、立券、交易、納財、破土、安葬、啟攢、入宅	廚灶門 外正北	沖雞 16歲 煞西

庚子年每日宜忌

21	20	19	18	17	16
星期三	星期二	星期一	星期日	星期六	星期五
	天德 月德		刀砧日	刀砧日	
初五	初四	初三	初二	九月	三十
丁酉	丙申	乙未	甲午	癸巳	壬辰
火	火	金	金	水	水
閉	開	收	成	危	破
★	宜	★	宜	宜	宜
忌祈福、出行、納采、問名、嫁娶、移徙、安床、解除、修造動土、豎柱上樑、開市、立券、交易、納財、破土、安葬、啟攢	**宜**祭祀、祈福、出行、納采、問名、嫁娶、移徙、解除、修造動土、豎柱上樑、開市、入宅 **忌**安床	**忌**祈福、出行、納采、問名、嫁娶、移徙、安床、解除、修造動土、豎柱上樑、開市、立券、交易、納財、破土、安葬、啟攢	**宜**出行、納采、問名、嫁娶、移徙、修造動土、豎柱上樑、開市、立券、交易、納財、破土、安葬、入宅	**宜**祭祀、納采、問名、嫁娶、移徙、安床、修造動土、豎柱上樑、納財 **忌**祈福、出行、解除、破土、安葬、啟攢	**宜**祭祀、解除 **忌**祈福、出行、納采、問名、嫁娶、移徙、安床、修造動土、豎柱上樑、開市、立券、交易、納財、破土、安葬、啟攢
倉庫門 房內北	廚灶爐 房內北	碓磨廁 房內北	占門碓 房內北	占房床 房內北	倉庫棲 外正北
沖兔 10歲 煞東	沖虎 11歲 煞南	沖牛 12歲 煞西	沖鼠 13歲 煞北	沖豬 14歲 煞東	沖狗 15歲 煞南

22	23	霜降	24	25	26
四期星	五期星		六期星	日期星	一期星
				中壇元帥 千秋 天德合 月德合	勿探病
初六	初七	辰時 07時00分	初八	初九	初十
戊戌	己亥		庚子	辛丑	壬寅
木	木		土	土	金
建	除		滿	平	定
★	★		宜	宜	★
諸事不宜	**忌**祈福、問名、嫁娶、移徙、安床、修造動土、豎柱上樑、破土、安葬、啟攢	**斗指巳為霜降，氣肅，露凝結為霜而下降，故名霜降。** **節氣諺語：霜降，風颱走去藏。** 指霜降後，颱風季節也就結束了。	**宜**祭祀 **忌**祈福、出行、納采、問名、嫁娶、移徙、安床、解除、修造動土、豎柱上樑、開市、立券、交易、納財、破土、安葬、啟攢	**宜**祭祀 **忌**祈福、出行、納采、問名、嫁娶、移徙、安床、解除、修造動土、豎柱上樑、開市、立券、交易、納財、破土、安葬、啟攢	**日逢受死日，不宜諸吉事**
房床栖 房內南	占門床 房內南		占碓磨 房內南	廚灶廁 房內南	倉庫爐 房內南
沖龍 9歲 煞北	沖蛇 8歲 煞西		沖馬 7歲 煞南	沖羊 6歲 煞東	沖猴 5歲 煞北

庚子年每日宜忌

31	30	29	28	27
六期星	五期星	四期星	三期星	二期星
吳三王爺千秋	天德 月德 刀砧日	刀砧日		
十五	十四	十三	十二	十一
未丁	午丙	巳乙	辰甲	卯癸
水	水	火	火	金
收	成	危	破	執
★	宜	宜	宜	宜
忌祈福、出行、納采、問名、嫁娶、移徙、安床、解除、修造動土、豎柱上樑、開市、立券、交易、納財、破土、安葬、啟攢	**宜**祭祀、祈福、出行、納采、問名、嫁娶、移徙、解除、修造動土、豎柱上樑、開市、立券、交易、納財、破土、安葬、入宅	**宜**祭祀、安床 **忌**祈福、出行、解除、破土、安葬、啟攢	**宜**祭祀、解除 **忌**祈福、出行、納采、問名、嫁娶、移徙、安床、修造動土、豎柱上樑、開市、立券、交易、納財、破土、安葬、啟攢	**宜**祭祀、祈福、出行、納采、問名、嫁娶、移徙、解除、修造動土、豎柱上樑、破土、安葬、啟攢、入宅 **忌**開市、立券、交易、納財
倉庫廁 房內東	廚灶碓 房內東	碓磨床 房內東	門雞棲 房內東	房床門 房內南
沖牛 60歲 煞西	沖鼠 1歲 煞北	沖豬 2歲 煞東	沖狗 3歲 煞南	沖雞 4歲 煞西

二〇二〇年 國曆十一月小	1	2	3	4	5
	日期星	一期星	二期星	三期星	四期星
	天赦日			觀世音菩薩出家日 天德合 月德合	
農曆十月 丁亥 陽月 煞西方 —— 立冬之日怕逢壬，來歲高田枉費心 此日更逢壬子日，災情疾病損人民	十六	十七	十八	十九	二十
	戊申	己酉	庚戌	辛亥	壬子
	土	土	金	金	木
	開	閉	建	除	滿
	宜	★	宜	宜	宜
	宜祭祀、祈福、出行、納采、問名、嫁娶、移徙、修造動土、豎柱上樑、開市 **忌**安床	**忌**祈福、出行、納采、問名、嫁娶、移徙、安床、解除、修造動土、豎柱上樑、開市、立券、交易、納財、破土、安葬、啟攢	**宜**祭祀、出行、移徙、納財 **忌**祈福、納采、問名、解除、修造動土、豎柱上樑、破土、安葬、啟攢	**宜**祭祀、祈福、出行、移徙、解除、豎柱上樑 **忌**納采、問名、嫁娶、修造動土、開市、立券、交易、納財、破土、安葬	**宜**祭祀 **忌**祈福、出行、納采、問名、嫁娶、移徙、安床、解除、修造動土、豎柱上樑、開市、立券、交易、納財、破土、安葬、啟攢
每日胎神占方	房床爐 房內東	占大門 外東北	碓磨栖 外東北	廚灶床 外東北	倉庫碓 外東北
每日沖煞年齡	沖虎 59歲 煞南	沖兔 58歲 煞東	沖龍 57歲 煞北	沖蛇 56歲 煞西	沖馬 55歲 煞南

6	7	立冬	8	9	10
五期星	六期星		日期星	一期星	二期星
	月德 勿探病		天德 勿探病		
廿一	廿二	辰時 07時14分	廿三	廿四	廿五
丑 癸	寅 甲		卯 乙	辰 丙	巳 丁
木	水		水	土	土
平	定 平		定	執	破
★	宜		宜	宜	★
諸事不宜	**宜**出行、移徙、修造動土、豎柱上樑、開市、立券、交易、納財、破土、安葬、啟攢 **忌**祭祀、祈福、納采、問名、嫁娶、解除	**斗指西北維為立冬，冬者終也，立冬之時萬物終成，故名立冬。** **節氣諺語：**補冬補嘴空。 民俗上，立冬日要吃麻油雞等進補，儲備過冬的體力。	**宜**祭祀、祈福、出行、納采、問名、嫁娶、移徙、解除、修造動土、豎柱上樑、開市、立券、交易、納財、破土、安葬、啟攢、入宅	**宜**解除 **忌**出行、修造動土、開市、立券、交易、納財、破土	**諸事不宜**
房床廁 外東北	占門爐 外東北		碓磨門 外正東	廚灶栖 外正東	倉庫床 外正東
沖羊 54歲 煞東	沖猴 53歲 煞北		沖雞 52歲 煞西	沖狗 51歲 煞南	沖豬 50歲 煞東

庚子年每日宜忌

11	12	13	14	15
星期三	星期四	星期五	星期六	星期日
	月德合	天德合 刀砧日	刀砧日	
廿六	廿七	廿八	廿九	十月
戊午	己未	庚申	辛酉	壬戌
火	火	木	木	水
危	成	收	開	閉
宜	宜	★	宜	★
宜 祭祀 **忌** 祈福、出行、納采、問名、嫁娶、移徙、安床、解除、修造動土、豎柱上樑、開市、立券、交易、納財	**宜** 祭祀、祈福、解除、修造動土、豎柱上樑、開市、立券、交易、納財、安葬 **忌** 出行、納采、問名、嫁娶、移徙	**日逢受死日，不宜諸吉事**	**宜** 祭祀 **忌** 納采、問名、嫁娶、開市、立券、交易、納財	**諸事不宜**
房床碓 外正東	占門廁 外正東	碓磨爐 外東南	廚灶門 外東南	倉庫栖 外東南
沖鼠 49歲 煞北	沖牛 48歲 煞西	沖虎 47歲 煞南	沖兔 46歲 煞東	沖龍 45歲 煞北

庚子年每日宜忌

20	19	18	17	16
五期星	**四期星**	**三期星**	**二期星**	**一期星**
	達摩祖師聖誕	天德	月德 天赦日	
初六	**初五**	**初四**	**初三**	**初二**
丁卯	丙寅	乙丑	甲子	癸亥
火	火	金	金	水
定	平	滿	除	建
宜	**宜**	**宜**	**宜**	**宜**
宜出行、納采、問名、嫁娶、移徙、修造動土、豎柱上樑、開市、立券、交易、納財、破土、啟攢、入宅 **忌**解除	**宜**出行、納采、問名、嫁娶、移徙、修造動土、豎柱上樑、開市、立券、交易、納財、破土、安葬、啟攢 **忌**祭祀、祈福、解除	**宜**祭祀 **忌**出行、納采、問名、嫁娶、移徙	**宜**祭祀、祈福、出行、納采、問名、嫁娶、移徙、解除、修造動土、豎柱上樑、納財、安葬	**宜**祭祀 **忌**祈福、出行、納采、問名、嫁娶、移徙、安床、解除、修造動土、豎柱上樑、開市、立券、交易、納財、破土、安葬、啟攢
倉庫門 外正南	廚灶爐 外正南	碓磨廁 外東南	占門碓 外東南	占房床 外東南
沖雞 40歲 煞西	沖猴 41歲 煞北	沖羊 42歲 煞東	沖馬 43歲 煞南	沖蛇 44歲 煞西

21	22	23	24
六期星	日期星	一期星	二期星
	月德合	天德合 勿探病	水仙尊王 千秋
初七	初八	初九	初十
戊辰	己巳	庚午	辛未
木	木	土	土
執	破	危	成
宜	宜	宜	宜
宜 解除 **忌** 出行、修造動土、開市、立券、交易、納財、破土	**宜** 祭祀、解除 **忌** 祈福、出行、納采、問名、嫁娶、移徙、安床、解除、修造動土、豎柱上樑、開市、立券、交易、納財、破土、安葬、啟攢	**宜** 祭祀、祈福、出行、納采、問名、嫁娶、移徙、安床、解除、修造動土、豎柱上樑、破土、安葬、入宅	**宜** 祭祀、祈福、納采、問名、修造動土、豎柱上樑、開市、立券、交易、納財 **忌** 出行、嫁娶、移徙
房床栖 外正南	占門床 外正南	占碓磨 外正南	廚灶廁 外西南
沖狗 39歲 煞南	沖豬 38歲 煞東	沖鼠 37歲 煞北	沖牛 36歲 煞西

小雪

寅時 04時40分

斗指己，斯時天已積陰，寒未深而雪未大，故名小雪。

節氣諺語：小雪小到。

指烏魚群在小雪前後剛到台灣海峽來，數量還不多。

庚子年每日宜忌

30	29	28	27	26	25
一期星	**日期星**	**六期星**	**五期星**	**四期星**	**三期星**
	水官聖誕	天德	月德	刀砧日	刀砧日
十六	**十五**	**十四**	**十三**	**十二**	**十一**
丑 丁	子 丙	亥 乙	戌 甲	酉 癸	申 壬
水	水	火	火	金	金
滿	除	建	閉	開	收
宜	**宜**	**宜**	**宜**	**宜**	★
宜祭祀 **忌**祈福、出行、納采、問名、嫁娶、移徙、安床、解除、修造動土、豎柱上樑、開市、立券、交易、納財、破土、安葬、啟攢	**宜**出行、移徙、解除、破土、啟攢、入宅	**宜**祭祀 **忌**嫁娶、修造動土、破土	**宜**祭祀 **忌**祈福、出行、納采、問名、嫁娶、移徙、安床、解除、修造動土、豎柱上樑、開市、立券、交易、納財、破土、安葬、啟攢	**宜**祭祀 **忌**納采、問名、嫁娶、立券、交易	**日逢受死日，不宜諸吉事**
倉庫廁 外正西	廚灶碓 外西南	碓磨床 外西南	門碓栖 外西南	房床門 外西南	倉庫爐 外西南
沖羊 30歲 煞東	沖馬 31歲 煞南	沖蛇 32歲 煞西	沖龍 33歲 煞北	沖兔 34歲 煞東	沖虎 35歲 煞南

二〇二〇年 國曆十二月大	1	2	3	4	5
	星期二	星期三	星期四	星期五	星期六
		月德合 勿探病	天德合		勿探病
農曆十一月 丙子 葭月 煞南方	十七	十八	十九	二十	廿一
	戊寅	己卯	庚辰	辛巳	壬午
	土	土	金	金	木
	平	定	執	破	危
	宜	**宜**	**宜**	★	**宜**
初一西風盜賊多，更兼大雪有災魔 冬至天晴無日色，來年定唱太平歌	**宜**出行、納采、問名、嫁娶、移徙、豎柱上樑、開市、立券、交易、納財、安葬 **忌**祭祀、祈福、解除、修造動土、破土	**宜**祭祀、祈福、出行、納采、問名、嫁娶、移徙、解除、修造動土、豎柱上樑、開市、立券、交易、納財、破土、安葬、入宅	**宜**祭祀、祈福、納采、問名、嫁娶、移徙、解除、豎柱上樑、安葬、入宅 **忌**出行、修造動土、破土	**忌**祈福、出行、納采、問名、嫁娶、移徙、安床、修造動土、豎柱上樑、開市、立券、交易、納財、破土、安葬、啟攢	**宜**祭祀、入宅 **忌**祈福、出行、納采、問名、嫁娶、移徙、安床、解除、修造動土、豎柱上樑、開市、立券、交易、納財、破土、安葬、啟攢
每日胎神占方	房床爐 外正西	占大門 外正西	碓磨栖 外正西	廚灶床 外正西	倉庫碓 外西北
每日沖煞年齡	沖猴 29歲 煞北	沖雞 28歲 煞西	沖狗 27歲 煞南	沖豬 26歲 煞東	沖鼠 25歲 煞北

9	8	大雪	7	6
三期星	二期星		一期星	日期星
	刀砧日		周倉將軍 千秋 刀砧日	
廿五	廿四	子時	廿三	廿二
戌丙	酉乙		申甲	未癸
土	水	00時09分	水	木
開	收		收成	成
宜	宜		宜	宜
宜祭祀、祈福、解除、修造動土、豎柱上樑 **忌**出行、嫁娶、移徙、開市、立券、交易、納財	**宜**祭祀 **忌**祈福、出行、納采、問名、嫁娶、移徙、安床、解除、修造動土、豎柱上樑、開市、立券、交易、納財、破土、安葬、啟攢	**斗指甲，斯時積陰為雪，至此粟烈而大過於小雪，故名大雪。** **節氣諺語：大雪大到。** 指烏魚群到了大雪時，便大批湧進台灣海峽。	**宜**祭祀、祈福、出行、納采、問名、嫁娶、移徙、解除、豎柱上樑、開市、立券、交易、納財、安葬、入宅 **忌**安床、修造動土、破土	**宜**祭祀、祈福、納采、問名、修造動土、豎柱上樑、開市、立券、交易、納財 **忌**出行、嫁娶、移徙
廚灶栖 外西北	碓磨門 外西北		占門爐 外西北	房床廁 外西北
沖龍 21歲 煞北	沖兔 22歲 煞東		沖虎 23歲 煞南	沖牛 24歲 煞西

庚子年每日宜忌

10	11	12	13	14
星期四	星期五	星期六	星期日	星期一
月德合	紫微星君聖誕			
廿六	廿七	廿八	廿九	三十
丁亥	戊子	己丑	庚寅	辛卯
土	火	火	木	木
閉	建	除	滿	平
宜	★	宜	宜	★
宜 祭祀、入宅 **忌** 祈福、嫁娶、解除	**諸事不宜**	**宜** 祭祀、祈福、出行、嫁娶、解除、立券、交易、納財、安葬、入宅	**宜** 出行、嫁娶、解除、修造動土、豎柱上樑、開市、立券、交易、納財、破土、啟攢 **忌** 祭祀、納采、問名、移徙	**日逢受死日，不宜諸吉事**
倉庫床 外西北	房床碓 外正北	占門廁 外正北	碓磨爐 外正北	廚灶門 外正北
沖蛇 20歲 煞西	沖馬 19歲 煞南	沖羊 18歲 煞東	沖猴 17歲 煞北	沖雞 16歲 煞西

庚子年每日宜忌

20	19	18	17	16	15
星期日	星期六	星期五	星期四	星期三	星期二
月德合 刀砧日	刀砧日				月德
初六	初五	初四	初三	初二	十二月
丁酉	丙申	乙未	甲午	癸巳	壬辰
火	火	金	金	水	水
收	成	危	破	執	定
宜	宜	宜	★	宜	宜
宜祭祀	**宜**出行、納采、問名、嫁娶、移徙、解除、豎柱上樑、開市、立券、交易、納財、安葬、入宅 **忌**安床、修造動土、破土	**宜**祭祀 **忌**祈福、出行、納采、問名、嫁娶、移徙、安床、解除、修造動土、豎柱上樑、開市、立券、交易、納財、破土、安葬、啟攢	**諸事不宜**	**宜**祭祀、入宅 **忌**祈福、出行、納采、問名、嫁娶、移徙、安床、解除、修造動土、豎柱上樑、開市、立券、交易、納財、破土、安葬、啟攢	**宜**祭祀、祈福、出行、納采、問名、嫁娶、移徙、解除、修造動土、豎柱上樑、立券、交易、納財、安葬、入宅
倉庫門 房內北	廚灶爐 房內北	碓磨廁 房內北	占門碓 房內北	占房床 房內北	倉庫栖 外正北
沖兔 10歲 煞東	沖虎 11歲 煞南	沖牛 12歲 煞西	沖鼠 13歲 煞北	沖豬 14歲 煞東	沖狗 15歲 煞南

21	冬至	22	23	24	25
一期星		二期星	三期星	四期星	五期星
					太乙救苦天尊聖誕 月德 勿探病
初七	酉時 18時02分	初八	初九	初十	十一
戊戌		己亥	庚子	辛丑	壬寅
木		木	土	土	金
開		閉	建	除	滿
宜		★	★	宜	宜
宜 祭祀、祈福、解除、修造動土、豎柱上樑 **忌** 出行、嫁娶、移徙、開市、立券、交易、納財	時陰極之至，明陽氣始至，日行至南，北半球晝最短而夜最長。 節氣諺語：冬至烏，過年酥。 冬至這天如果下雨，那麼過年時就有很高的機率會放晴。	**忌** 祈福、出行、納采、問名、嫁娶、移徙、安床、解除、造動土、豎柱上樑、開市、破土、安葬、啟攢	**諸事不宜**	**宜** 祭祀、祈福、出行、嫁娶、解除、立券、交易、納財、安葬	**宜** 出行、納采、問名、嫁娶、解除、修造動土、豎柱上樑、開市、立券、交易、納財、破土、安葬、啟攢 **忌** 祭祀、移徙
房床栖 房內南		占門床 房內南	占碓磨 房內南	廚灶廁 房內南	倉庫爐 房內南
沖龍 9歲 煞北		沖蛇 8歲 煞西	沖馬 7歲 煞南	沖羊 6歲 煞東	沖猴 5歲 煞北

庚子年每日宜忌

26	27	28	29	30	31
六期星	**日期星**	**一期星**	**二期星**	**三期星**	**四期星**
				月德合	阿彌陀佛佛誕 刀砧日
十二	**十三**	**十四**	**十五**	**十六**	**十七**
癸卯	甲辰	乙巳	丙午	丁未	戊申
金	火	火	水	水	土
平	定	執	破	危	成
★	**宜**	**宜**	★	**宜**	**宜**
日逢受死日，不宜諸吉事	**宜**祭祀、祈福、出行、納采、問名、嫁娶、移徙、修造動土、豎柱上樑、立券、交易、納財、入宅 **忌**解除	**宜**祭祀、入宅 **忌**祈福、出行、納采、問名、嫁娶、移徙、安床、解除、修造動土、豎柱上樑、開市、立券、交易、納財、破土、安葬、啟攢	**諸事不宜**	**宜**祭祀 **忌**納采、問名、嫁娶	**宜**出行、納采、問名、嫁娶、移徙、解除、豎柱上樑、開市、立券、交易、納財、入宅 **忌**安床、修造動土、破土
房床門 房內南	門雞栖 房內東	碓磨床 房內東	廚灶碓 房內東	倉庫廁 房內東	房床爐 房內東
沖雞 4歲 煞西	沖狗 3歲 煞南	沖豬 2歲 煞東	沖鼠 1歲 煞北	沖牛 60歲 煞西	沖虎 59歲 煞南

二〇二一年 國曆一月大	1	2	3	4	5
	五期星	六期星	日期星	一期星	二期星
	刀砧日			月德	
農曆十二月 己丑 臘月 煞東方	十八	十九	二十	廿一	廿二
	己酉	庚戌	辛亥	壬子	癸丑
	土	金	金	木	木
	收	開	閉	建	建除
	★	宜	★	★	★
朔日西風六畜災，綿絲五穀德成堆 最喜大寒無雨雪，太平冬盡賀春來	**忌**祈福、出行、納采、問名、嫁娶、移徙、安床、解除、修造動土、豎柱上樑、開市、立券、交易、納財、破土、安葬、啟攢	**宜**祭祀、祈福、解除、修造動土、豎柱上樑 **忌**出行、嫁娶、移徙、開市、立券、交易、納財	**忌**祈福、出行、納采、問名、嫁娶、移徙、安床、解除、修造動土、豎柱上樑、開市、破土、安葬、啟攢	**諸事不宜**	**忌**祈福、出行、納采、問名、嫁娶、移徙、解除、修造動土、豎柱上樑、破土、安葬、啟攢
每日胎神占方	占大門 外東北	碓磨栖 外東北	廚灶床 外東北	倉庫碓 外東北	房床廁 外東北
每日沖煞年齡	沖兔 58歲 煞東	沖龍 57歲 煞北	沖蛇 56歲 煞西	沖馬 55歲 煞南	沖羊 54歲 煞東

庚子年每日宜忌

9	8	7	6	小寒
六期星	五期星	四期星	三期星	
		天德合 月德合 勿探病	勿探病	
廿六	廿五	廿四	廿三	午時 11時23分
丁巳	丙辰	乙卯	甲寅	
土	土	水	水	
定	平	滿	除	
★	★	宜	宜	
忌 祈福、出行、納采、問名、嫁娶、移徙、安床、解除、修造動土、豎柱上樑、開市、立券、交易、納財、破土、安葬、啟攢	**諸事不宜**	**宜** 祭祀、祈福、出行、納采、問名、嫁娶、移徙、解除、豎柱上樑、開市、立券、交易、納財、安葬、啟攢 **忌** 修造動土、破土	**宜** 入宅 **忌** 祭祀、出行、納采、問名、嫁娶	**斗指戌為小寒，時天氣漸寒，尚未大冷，故名小寒。** **節氣諺語：小寒大冷，人馬安。** 小寒時天氣應寒冷，人畜才會平安。
倉庫床 外正東	廚灶栖 外正東	碓磨門 外正東	占門爐 外東北	
沖豬 50歲 煞東	沖狗 51歲 煞南	沖雞 52歲 煞西	沖猴 53歲 煞北	

日	星期	神煞	農曆	干支	五行	建除	吉凶	宜忌	胎神	沖煞
10	星期日		廿七	戊午	火	執	★	**忌**祈福、出行、納采、問名、嫁娶、移徙、安床、解除、修造動土、豎柱上樑、開市、立券、交易、納財、破土、安葬、啟攢	房床碓 外正東	沖鼠 49歲 煞北
11	星期一		廿八	己未	火	破	宜	**宜**祭祀 **忌**祈福、出行、納采、問名、嫁娶、移徙、安床、修造動土、豎柱上樑、開市、立券、交易、納財、破土、安葬、啟攢	占門廁 外正東	沖牛 48歲 煞西
12	星期二	天德 月德 刀砧日	廿九	庚申	木	危	宜	**宜**祭祀、出行、移徙、修造動土、豎柱上樑、開市、立券、交易、納財、破土、安葬、入宅 **忌**祈福、納采、問名、嫁娶、安床、解除	碓磨爐 外東南	沖虎 47歲 煞南
13	星期三	刀砧日	十二月	辛酉	木	成	★	**日逢受死日，不宜諸吉事**	廚灶門 外東南	沖兔 46歲 煞東
14	星期四		初二	壬戌	水	收	宜	**宜**祭祀 **忌**祈福、出行、納采、問名、嫁娶、移徙、安床、解除、修造動土、豎柱上樑、開市、立券、交易、納財、破土、安葬、啟攢	倉庫栖 外東南	沖龍 45歲 煞北
15	星期五		初三	癸亥	水	開	★	**諸事不宜**	占房床 外東南	沖蛇 44歲 煞西

庚子年每日宜忌

	16	17	18	19	20
星期	星期六	星期日	星期一	星期二	星期三
吉神	天赦日	天德合 月德合	月德		
農曆	初四	初五	初六	初七	初八
干支	甲子	乙丑	丙寅	丁卯	戊辰
五行	金	金	火	火	木
建除	閉	建	除	滿	平
	宜	宜	宜	宜	★
宜忌	**宜** 祭祀、安葬	**宜** 祭祀、祈福、納采、問名、解除、豎柱上樑、納財、安葬 **忌** 出行、嫁娶、移徙、修造動土、破土	**宜** 入宅 **忌** 祭祀、出行	**宜** 祭祀 **忌** 祈福、出行、納采、問名、嫁娶、移徙、安床、解除、修造動土、豎柱上樑、開市、立券、交易、納財、破土、安葬、啟攢	**諸事不宜**
胎神	占門碓 外東南	碓磨廁 外東南	廚灶爐 外正南	倉庫門 外正南	房床栖 外正南
沖煞	沖馬 43歲 煞南	沖羊 42歲 煞東	沖猴 41歲 煞北	沖雞 40歲 煞西	沖狗 39歲 煞南

大寒

寅時 04時40分

斗指癸為大寒，時大寒栗烈已極，故名大寒。

節氣諺語：大寒不寒，春分不暖。

大寒若天氣溫暖，表氣候不順，隔年春分仍會寒冷。

26	25	24	23	22	21
二期星	一期星	日期星	六期星	五期星	四期星
月德	刀砧日	刀砧日		天德 月德 勿探病	
十四	十三	十二	十一	初十	初九
甲戌	癸酉	壬申	辛未	庚午	己巳
火	金	金	土	土	木
收	成	危	破	執	定
宜	★	宜	宜	宜	宜
宜祭祀 **忌**祈福、出行、納采、問名、嫁娶、移徙、安床、解除、修造動土、豎柱上樑、開市、立券、交易、納財、破土、安葬、啟攢	**日逢受死日，不宜諸吉事**	**宜**祭祀、開市、納財、破土、安葬 **忌**祈福、納采、問名、安床、解除、立券、交易	**宜**祭祀、解除 **忌**祈福、出行、納采、問名、嫁娶、移徙、安床、修造動土、豎柱上樑、開市、立券、交易、納財、破土、安葬、啟攢	**宜**祭祀、祈福、出行、納采、問名、嫁娶、移徙、解除、修造動土、豎柱上樑、破土、安葬	**宜**納采、問名、修造動土、豎柱上樑、立券、交易、納財、入宅 **忌**出行、嫁娶、解除、破土、安葬、啟攢
門碓栖 外西南	房床門 外西南	倉庫爐 外西南	廚灶廁 外西南	占碓磨 外正南	占門床 外正南
沖龍 33歲 煞北	沖兔 34歲 煞東	沖虎 35歲 煞南	沖牛 36歲 煞西	沖鼠 37歲 煞北	沖豬 38歲 煞東

庚子年每日宜忌

31	30	29	28	27
星期日	星期六	星期五	星期四	星期三
勿探病				天德合 月德合
十九	十八	十七	十六	十五
己卯	戊寅	丁丑	丙子	乙亥
土	土	水	水	火
滿	除	建	閉	開
宜	宜	★	宜	宜
宜 祭祀 **忌** 祈福、出行、納采、問名、嫁娶、移徙、安床、解除、修造動土、豎柱上樑、開市、立券、交易、納財、破土、安葬、啟攢	**宜** 入宅 **忌** 祭祀、出行、破土、安葬、啟攢	**忌** 祈福、出行、納采、問名、嫁娶、移徙、安床、解除、修造動土、豎柱上樑、破土、安葬、啟攢	**宜** 祭祀、安葬、啟攢 **忌** 祈福、出行、納采、問名、嫁娶、移徙、安床、解除、修造動土、豎柱上樑、開市、立券、交易、納財、破土	**宜** 祭祀、祈福、解除、修造動土、豎柱上樑、開市、納財、入宅 **忌** 出行、納采、問名、嫁娶、移徙
占大門 外正西	房床爐 外正西	倉庫廁 外正西	廚灶碓 外西南	碓磨床 外西南
沖雞 28歲 煞西	沖猴 29歲 煞北	沖羊 30歲 煞東	沖馬 31歲 煞南	沖蛇 32歲 煞西

二〇二一年 國曆二月小	1	2	3	立春
	一期星	二期星	三期星	
	天德 月德		天德合 勿探病	
農曆一月 庚寅 端月 煞北方	二十	廿一	廿二	亥時 22時59分
	庚辰	辛巳	壬午	
	金	金	木	
	平	定	定執	
	宜	宜	宜	
立春最喜晴一日，元旦景雲光齊天 雨水連綿是豐年，農夫不用力耕田	**宜** 祭祀 **忌** 祈福、出行、納采、問名、嫁娶、移徙、安床、解除、修造動土、豎柱上樑、開市、立券、交易、納財、破土、安葬、啟攢	**宜** 祭祀、祈福、納采、問名、嫁娶、移徙、修造動土、豎柱上樑、立券、交易、納財 **忌** 出行、嫁娶、解除、破土、安葬、啟攢	**宜** 祭祀、祈福、出行、納采、問名、嫁娶、移徙、解除、修造動土、豎柱上樑、開市、立券、交易、納財、破土、安葬	**斗指東北維為立春，時春氣始至，四時之卒始，故名立春也。** **節氣諺語：立春打雷，十處豬欄九處空。** 立春這天如果打雷，會六畜不安。相反的，雷不打春，今年一定好年冬。
每日胎神占方	碓磨栖 外正西	廚灶床 外正西	倉庫碓 外西北	
每日沖煞年齡	沖狗 27歲 煞南	沖豬 26歲 煞東	沖鼠 25歲 煞北	

庚子年每日宜忌

8	7	6	5	4
一期星	**日期星**	**六期星**	**五期星**	**四期星**
天德 刀砧日	月德	天神下降日	送神日	
廿七	**廿六**	**廿五**	**廿四**	**廿三**
丁亥	丙戌	乙酉	甲申	癸未
土	土	水	水	木
收	成	危	破	執
宜	★	**宜**	**宜**	★
宜祭祀、祈福、出行、納采、問名、移徙、解除、修造動土、豎柱上樑、開市、立券、交易、納財 **忌**嫁娶	**日逢受死日，不宜諸吉事**	**宜**祭祀、破土、安葬、入宅 **忌**祈福、出行、納采、問名、嫁娶、移徙、安床、解除、修造動土、豎柱上樑、開市、立券、交易、納財	**宜**祭祀、解除 **忌**祈福、出行、納采、問名、嫁娶、移徙、安床、修造動土、豎柱上樑、開市、立券、交易、納財、破土、安葬、啟攢	**忌**開市、立券、交易、納財
倉庫床 外西北	廚灶栖 外西北	碓磨門 外西北	占門爐 外西北	房床廁 外西北
沖蛇 20歲 煞西	沖龍 21歲 煞北	沖兔 22歲 煞東	沖虎 23歲 煞南	沖牛 24歲 煞西

14	13	12	11	10	9
星期日	星期六	星期五	星期四	星期三	星期二
	天德合	月德合	除夕		刀砧日
初三	初二	正月	三十	廿九	廿八
癸巳	壬辰	辛卯	庚寅	己丑	戊子
水	水	木	木	火	火
平	滿	除	建	閉	開
★	宜	宜	宜	★	宜
忌祈福、出行、納采、問名、嫁娶、移徙、安床、解除、修造動土、豎柱上樑、開市、立券、交易、納財、破土、安葬、啟攢	**宜**祭祀、祈福、出行、納采、問名、嫁娶、移徙、解除、修造動土、豎柱上樑、開市、立券、交易、納財、安葬	**宜**祭祀、祈福、出行、納采、問名、嫁娶、移徙、解除、修造動土、豎柱上樑、立券、交易、破土、安葬、啟攢	**宜**立券、交易、納財 **忌**祭祀、祈福、出行、納采、問名、嫁娶、移徙、解除、修造動土、豎柱上樑、破土、安葬、啟攢	**諸事不宜**	**宜**祭祀 **忌**納采、問名、嫁娶、破土、安葬、啟攢
占房床 房內北	倉庫栖 外正北	廚灶門 外正北	碓磨爐 外正北	占門廁 外正北	房床碓 外正北
沖豬 15歲 煞東	沖狗 16歲 煞南	沖雞 17歲 煞西	沖猴 17歲 煞北	沖羊 18歲 煞東	沖馬 19歲 煞南

19	雨水	18	17	16	15
五期星		四期星	三期星	二期星	一期星
		天德	清水祖師聖誕 月德		孫真人聖誕
初八	酉時	初七	初六	初五	初四
戊戌		丁酉	丙申	乙未	甲午
木	18時44分	火	火	金	金
成		危	破	執	定
★		宜	宜	★	宜
日逢受死日，不宜諸吉事	**斗指壬為雨水，時東風解凍，冰雪皆散而為水，化而為雨，故名雨水。** **節氣諺語：雨水，海水卡冷鬼。** 雨水時節雖已入春，但溫度仍低，海水摸起來還是非常冷冽。	**宜**祭祀、祈福、出行、納采、問名、嫁娶、移徙、安床、解除、修造動土、竪柱上樑、納財、破土、安葬	**宜**祭祀、解除 **忌**祈福、出行、納采、問名、嫁娶、移徙、安床、修造動土、竪柱上樑、開市、立券、交易、納財、破土、安葬、啟攢	**忌**出行、納采、問名、嫁娶、移徙、解除、修造動土、竪柱上樑、開市、立券、交易、納財、破土、安葬、啟攢	**宜**祭祀、祈福、出行、納采、問名、嫁娶、移徙、修造動土、竪柱上樑、開市、立券、交易、納財、入宅 **忌**解除、破土、安葬、啟攢
房床栖 房內南		倉庫門 房內北	廚灶爐 房內北	碓磨廁 房內北	占門碓 房內北
沖龍 10歲 煞北		沖兔 11歲 煞東	沖虎 12歲 煞南	沖牛 13歲 煞西	沖鼠 14歲 煞北

20	21	22	23
星期六	星期日	星期一	星期二
玉皇大帝聖誕 刀砧日	刀砧日	月德合	天德合 勿探病
初九	初十	十一	十二
己亥	庚子	辛丑	壬寅
木	土	土	金
收	開	閉	建
宜	宜	宜	宜
宜 祭祀、祈福、開市、立券、交易、納財 **忌** 嫁娶、破土、安葬、啟攢	**宜** 祭祀 **忌** 納采、問名、修造動土、破土	**宜** 祭祀 **忌** 祈福、出行、納采、問名、嫁娶、移徙、安床、解除、修造動土、豎柱上樑、開市、立券、交易、納財、破土、安葬、啟攢	**宜** 納采、問名、解除、豎柱上樑、立券、交易、納財、安葬、啟攢 **忌** 祭祀、出行、嫁娶、移徙、修造動土、豎柱上樑、破土
占門床 房內南	占碓磨 房內南	廚灶廁 房內南	倉庫爐 房內南
沖蛇 9歲 煞西	沖馬 8歲 煞南	沖羊 7歲 煞東	沖猴 6歲 煞北

庚子年每日宜忌

28	27	26	25	24
星期日	星期六	星期五	星期四	星期三
天德	月德	元宵節 天官聖誕		關聖帝君 飛昇日
十七	十六	十五	十四	十三
丁未	丙午	乙巳	甲辰	癸卯
水	水	火	火	金
執	定	平	滿	除
宜	宜	★	宜	宜
宜祭祀、祈福、出行、移徙、解除、修造動土、豎柱上樑、納財、破土、安葬、入宅 **忌**納采、問名、嫁娶	**宜**祭祀、祈福、出行、納采、問名、嫁娶、移徙、解除、修造動土、豎柱上樑、開市、立券、交易、納財、破土、安葬	**忌**祈福、出行、納采、問名、嫁娶、移徙、安床、解除、修造動土、豎柱上樑、開市、立券、交易、納財、破土、安葬、啟攢	**宜**祭祀、祈福 **忌**納采、問名、嫁娶、開市、立券、交易、納財、破土、安葬、啟攢	**宜**出行、解除、立券、交易、破土、啟攢
倉庫廁 房內東	廚灶碓 房內東	碓磨床 房內東	門雞栖 房內東	房床門 房內南
沖牛 1歲 煞西	沖鼠 2歲 煞北	沖豬 3歲 煞東	沖狗 4歲 煞南	沖雞 5歲 煞西

三

擇日與擇時

如何擇日與擇時

目前農民曆比較常被使用的功能就是「擇日」。雖然家家戶戶都有農民曆，上面「宜」、「忌」也標明得很清楚，不過大部分的人面對重要的事項，例如：結婚、安葬、安床等，仍都會慎重的請懂得命理的老師來選擇。

原因就在於除了少數的幾個「諸事皆宜」的日子之外，大部分的好日子，也不是每一件事情都可以做，甚至是在「諸事皆宜」的日子當中，也不是每個時辰都是好時辰，因此如何趨吉避凶，就著實令人煞費苦心。

不過除了牽涉廣泛的人生大事，像是嫁娶、安葬、生產等需要專業老師來擇日，其他像是日常的搬家、入宅、安床等，只要掌握一些訣竅，就能透過農民曆自己挑選好日子與好時辰。

擇日

首先要看「每日沖煞」的生肖與年齡，有沖犯到相關人員的日子都不能選擇。再來看的是每日的宜忌與用事批註。有一些日子是「凡事不取」、「諸吉事不宜」，這在用事批註的欄位上面，都會清楚標示，在擇日的時候先避開。

接下來針對要進行的事項來挑選，在用事批註這一欄裡頭，會標註每天可以進行的事項，這個部分可以參照前面的名詞解釋，找到自己要做的事項，再回來挑選適合從事這些事項的日子。

有時在擇日的時候也會參照「十二植位」。十二植位代表十二個吉凶神，每日的植神不同，宜忌也不同，十二植位中，最常用到的像是取下制煞物品時，就會挑選「除日」，此外如果是「破日」、「危日」，通常代表諸事不宜。

擇時

選好適合的日子之後，接下來要挑選適合的時間。民間認為每一個時辰都有吉凶神在輪值，因此就算是好日子，也不一定每個時辰都適合，最好能選擇吉神輪值的時間來進行。

每個時辰的吉凶神，主要是根據不同的干支來循環。讀者可以先找出這一天的干支為何，再來對照每日時局表，就可以看到該日的每個時辰吉凶神輪值的情形，再挑選吉神輪值的時辰即可。

時辰吉凶神列表

吉神	金匱、大進、羅紋、交貴、六合、喜神、日祿、天赦、玉堂、少微、三合、進貴、貴人、右弼、天官、明堂、國印、長生、福星、天德、青龍、功曹、寶光、生旺、武曲、唐符、進祿、太陽、帝旺、福德、祿貴、交馳、貪狼、左輔、傳送、合格、鳳輦、太陰、金星、紫微、黃道、明輔、水星、司命、天地、會合、天賦、合局、逢印、臨官、財局、六甲、趨乾、合貴、同類、相資、六壬、趨艮、六申、元祿、馬元、地福、扶元、幹合、右彈、六進、進馬
凶神	日建、天兵、天牢、六戊、元武、大退、日沖、大凶、不遇、勾陳、天賊、路空、天刑、旬空、朱雀、白虎、地兵、日破、比肩、狗食、玄武、日刑、日馬、勿用、雷兵、建刑、日煞、五鬼、天武、天退、日武、日害、進虛、胞胎

庚子年每日時局表

時／日	子	丑	寅	卯	辰	巳
甲子	金匱 大進 日建	羅紋 交貴 六合	喜神 日祿 天兵	天赦 玉堂 少微	三合 天牢 六戊	進貴 元武 大退
乙丑	六合 貴人 天兵	福星 天赦 朱雀	進貴 金匱 六戊	大進 天德 日祿	進貴 白虎 地兵	三合 玉堂 不遇
丙寅	天官 青龍 六戊	明堂 右弼 狗食	長生 天刑 地兵	進貴 功曹 朱雀	金匱 不遇 路空	日祿 寶光 路空
丁卯	司命 日刑 地兵	唐符 武曲 勾陳	青龍 大退 路空	明堂 進貴 路空	不遇 天刑 武曲	進祿 朱雀 日馬
戊辰	三合 大進 路空	貴人 元武 路空	長生 司命 不遇	天官 太陽 勾陳	喜神 青龍 天兵	明堂 天赦 日祿
己巳	大進 貴人 白虎	三合 玉堂 不遇	喜神 天官 天兵	天赦 天兵 元武	司命 雷兵 六戊	帝旺 勾陳 大退
庚午	日沖 大凶 不遇	祿貴 交馳 天德	三合 生旺 六戊	玉堂 大進 天賊	武曲 天牢 地兵	長生 進貴 元武
辛未	長生 進貴 六戊	日破 大凶 朱雀	羅紋 交貴 地兵	三合 寶光 天德	唐符 白虎 路空	福星 玉堂 路空
壬申	三合 青龍 地兵	天官 明堂 左輔	日沖 大凶 路空	貴人 朱雀 路空	三合 金匱 福星	羅紋 交貴 天德
癸酉	日祿 大進 路空	三合 勾陳 路空	青龍 功曹 天賊	日沖 大凶 勿用	六合 喜神 天兵	三合 羅紋 交貴
甲戌	大進 福德 天牢	貴人 日刑 元武	喜神 日祿 天兵	六合 天赦 帝旺	日破 大凶 六戊	明堂 傳送 大退
乙亥	喜神 貴人 天兵	玉堂 福星 天赦	六合 天牢 六戊	三合 大進 日祿	司命 功曹 地兵	日沖 大凶 勾陳
丙子	福星 金匱 六戊	六合 寶光 進貴	長生 日馬 地兵	玉堂 少微 日刑	三合 不遇 路空	日祿 進祿 路空
丁丑	六合 進貴 地兵	唐符 朱雀 日建	金匱 大退 路空	天德 寶光 路空	進貴 日煞 白虎	三合 玉堂 帝旺
戊寅	大進 青龍 路空	明堂 貴人 路空	長生 進祿 天刑	天官 貪狼 朱雀	喜神 金匱 天兵	日祿 天赦 寶光

庚子年每日時局表

亥	戌	酉	申	未	午	時／日
長生 進貴 朱雀	國印 天刑 旬空	天官 明堂 路空	三合 天賊 路空	貴人 右弼 勾陳	日沖 大凶 不遇	甲子
福星 明堂 天赦	喜神 青龍 天兵	三合 比肩 勾陳	羅紋 交貴 大退	日破 大凶 路空	長生 天牢 路空	乙丑
六合 貴人 勾陳	三合 司命 六戊	天赦 貴人 玄武	日沖 大凶 天牢	玉堂 少微 武曲	三合 生旺 大進	丙寅
三合 貴人 元武	六合 天牢 地兵	日沖 大凶 勿用	功曹 白虎 六戊	三合 寶光 天赦	喜神 日祿 天兵	丁卯
玉堂 路空 旬空	日破 大凶 路空	六合 寶光 天德	三合 金匱 地兵	右弼 貴人 朱雀	雷兵 天刑 六戊	戊辰
日沖 大凶 不遇	金匱 福德 旬空	三合 長生 路空	羅紋 交貴 路空	明堂 福星 武曲	青龍 日祿 地兵	己巳
天赦 進祿 朱雀	三合 天兵 喜神	明堂 帝旺 貪狼	青龍 日祿 日馬	六合 貴人 路空	司命 福星 路空	庚午
三合 明堂 旬空	青龍 六戊 雷兵	天赦 日祿 不遇	喜神 司命 天兵	右弼 日建 元武	六合 大進 貴人	辛未
日祿 少微 勾陳	司命 進祿 地兵	大進 進貴 元武	長生 雷兵 六戊	玉堂 天赦 少微	喜神 白虎 天兵	壬申
帝旺 元武 路空	天官 天牢 路空	玉堂 進祿 建刑	狗食 白虎 地兵	天德 寶光 不遇	金匱 雷兵 六戊	癸酉
長生 玉堂 功曹	武曲 白虎 日建	天官 寶光 路空	金匱 天賊 路空	貴人 日刑 朱雀	三合 不遇 地兵	甲戌
福星 天赦 寶光	喜神 金匱 天兵	太陽 朱雀 比肩	貴人 大退 天賊	三合 明堂 路空	長生 青龍 路空	乙亥
羅紋 交貴 朱雀	福星 天刑 六戊	明堂 貴人 天赦	三合 青龍 喜神	進貴 勾陳 日煞	日沖 大凶 勿用	丙子
明堂 天官 貴人	青龍 進貴 地兵	三合 大進 福星	司命 進貴 六戊	日破 大凶 元武	喜神 日祿 天兵	丁丑
天地 會合 路空	三合 司命 路空	進虛 天賦 元武	日沖 貴人 天牢	玉堂 貴人 少微	三合 帝旺 六戊	戊寅

庚子年每日時局表

巳	辰	卯	寅	丑	子	時／日
日馬 朱雀 大退	雷兵 天刑 六戊	天赦 明堂 日建	喜神 青龍 天兵	武曲 勾陳 不遇	大進 貴人 司命	己卯
長生 明堂 功曹	青龍 日建 地兵	大進 胞胎 逢印	司命 日馬 六戊	天赦 貴人 元武	三合 喜神 天兵	庚辰
進貴 福星 路空	司命 進貴 路空	貪狼 天賊 元武	貴人 天牢 地兵	三合 玉堂 少微	長生 白虎 六戊	辛巳
貴人 長生 元武	福星 武曲 天牢	玉堂 貴人 路空	三合 臨官 路空	進貴 寶光 日煞	日沖 大凶 地兵	壬午
玉堂 貴人 大退	天官 喜神 天兵	三合 寶光 貴人	金匱 福星 進貴	日破 大凶 路空	大進 日祿 路空	癸未
天地 合格 寶光	三合 財局 六戊	天赦 帝旺 傳送	日沖 大凶 朱雀	羅紋 交貴 明堂	大進 青龍 路空	甲申
三合 朱雀 不遇	天地 會合 地兵	日沖 大凶 五鬼	青龍 雷兵 六戊	三合 進貴 福星	羅紋 交貴 天兵	乙酉
明堂 日祿 路空	日破 大凶 路空	天地 合局 勾陳	三合 司命 地兵	太陰 元武 日刑	天官 福星 六戊	丙戌
日沖 大凶 勾陳	司命 功曹 右弼	三合 元武 路空	天地 會合 路空	玉堂 唐符 少微	貪狼 白虎 地兵	丁亥
天赦 日祿 元武	三合 喜神 天兵	玉堂 天官 進貴	長生 日馬 六戊	六合 貴人 路空	大進 金匱 路空	戊子
三合 玉堂 帝旺	進貴 白虎 六戊	天赦 寶光 天德	喜神 金匱 天兵	唐符 不遇 朱雀	大進 羅紋 合貴	己丑
長生 寶光 進貴	金匱 福德 地兵	大進 胞胎 逢印	長生 雷兵 六戊	天赦 貴人 明堂	喜神 青龍 天兵	庚寅
福星 朱雀 路空	進貴 天刑 路空	明堂 同類 相資	青龍 貴人 地兵	武曲 勾陳 太陰	司命 雷兵 六戊	辛卯
明堂 貴人 天賊	福星 青龍 建刑	福星 貴人 路空	司命 臨官 路空	天官 水星 元武	三合 天牢 地兵	壬辰
天赦 貴人 大退	司命 喜神 天兵	長生 福星 貴人	天賊 天牢 日刑	三合 玉堂 路空	大進 日祿 路空	癸巳

庚子年每日時局表

日＼時	午	未	申	酉	戌	亥
己卯	金匱 日祿 地兵	三合 寶光 福星	羅紋 交貴 路空	日沖 大凶 路空	天地 合局 天牢	三合 進祿 不遇
庚辰	福星 天官 路空	貴人 朱雀 路空	三合 日祿 金匱	天地 會合 寶光	日破 大凶 白虎	天赦 玉堂 傳送
辛巳	大進 貴人 青龍	明堂 武曲 明輔	六合 喜神 天兵	三合 日祿 天赦	金匱 雷兵 六戊	日沖 大凶 勿用
壬午	喜神 司命 天兵	天地 會合 天赦	青龍 日馬 六戊	大進 明堂 進祿	三合 天刑 地兵	祿貴 交馳 朱雀
癸未	六合 進貴 六戊	唐符 不遇 元武	司命 進貴 地兵	五鬼 勾陳 旬空	天官 青龍 路空	三合 明堂 路空
甲申	進祿 不遇 地兵	玉堂 貴人 狗食	長生 天賊 路空	天官 元武 路空	司命 鳳輦 國印	六甲 趨乾 進貴
乙酉	金匱 長生 路空	天德 寶光 路空	天官 貴人 白虎	玉堂 少微 建刑	喜神 進貴 天兵	福星 天赦 元武
丙戌	三合 大進 帝旺	少微 朱雀 日刑	喜神 金匱 天兵	寶光 貴人 天赦	福星 武曲 六戊	玉堂 貴人 大退
丁亥	祿貴 交馳 天兵	三合 天赦 明堂	雷兵 天刑 六戊	大進 貴人 福星	金匱 福德 地兵	天官 寶光 貴人
戊子	日沖 大凶 六戊	羅紋 交貴 勾陳	三合 青龍 地兵	明堂 貪狼 天賊	右弼 天刑 路空	少微 朱雀 路空
己丑	祿貴 交馳 地兵	日破 大凶 旬空	司命 貴人 路空	三合 長生 路空	青龍 進貴 日刑	明堂 日馬 不遇
庚寅	三合 福星 路空	玉堂 貴人 路空	日沖 大凶 天牢	金星 帝旺 天武	喜神 司命 天兵	六合 天赦 勾陳
辛卯	大進 貴人 金匱	三合 財局 寶光	喜神 白虎 天兵	日沖 大凶 不遇	六合 天牢 六戊	三合 元武 大退
壬辰	唐符 喜神 天兵	天官 天赦 朱雀	三合 長生 六戊	六合 大進 寶光	日破 大凶 白虎	玉堂 日祿 少微
癸巳	青龍 進祿 六戊	明堂 唐符 不遇	六合 長生 地兵	三合 朱雀 五鬼	天官 金匱 路空	日沖 大凶 路空

謝沅瑾鼠年生肖運勢大解析

日	子	丑	寅	卯	辰	巳
甲午	日沖 大凶 勿用	天德 寶光 貴人	喜神 司命 天兵	玉堂 天赦 帝旺	雷兵 天牢 六戊	進祿 大退 狗食
乙未	喜神 貴人 天兵	日破 大凶 朱雀	金匱 進貴 六戊	三合 大進 日祿	白虎 進貴 地兵	日馬 玉堂 不遇
丙申	福星 青龍 六戊	明堂 進貴 右弼	日沖 大凶 天刑	紫微 貪狼 朱雀	三合 金匱 路空	寶光 日祿 路空
丁酉	司命 鳳輦 地兵	三合 進祿 勾陳	青龍 大退 路空	日沖 大凶 路空	六合 武曲 天刑	三合 生旺 朱雀
戊戌	大進 天牢 路空	貴人 元武 路空	三合 司命 不遇	天官 六合 勾陳	日破 大凶 旬空	明堂 日祿 天赦
己亥	大進 貴人 白虎	玉堂 少微 不遇	喜神 進貴 天兵	三合 進貴 天赦	司命 雷兵 六戊	日沖 大凶 旬空
庚子	金匱 天兵 喜神	天赦 貴人 寶光	日馬 白虎 六戊	大進 玉堂 進貴	三合 天牢 地兵	長生 太陰 元武
辛丑	長生 進貴 六戊	太陰 日建 朱雀	羅紋 交貴 地兵	天德 寶光 比肩	唐符 路空 白虎	三合 福星 路空
壬寅	青龍 貪狼 地兵	明堂 天官 進貴	六壬 趨艮 路空	貴人 朱雀 路空	金匱 福星 進祿	天德 寶光 貴人
癸卯	大進 進祿 路空	進貴 勾陳 路空	青龍 左輔 狗食	祿貴 交馳 明堂	喜神 武曲 天兵	天赦 貴人 大退
甲辰	三合 大進 天牢	貴人 太陰 元武	福星 日祿 天兵	天赦 帝旺 勾陳	青龍 雷兵 六戊	明堂 五鬼 大退
乙巳	祿貴 交馳 天兵	三合 天赦 玉堂	進祿 雷兵 六戊	元祿 大進 日武	司命 狗食 地兵	少微 左輔 勾陳
丙午	日沖 大凶 六戊	寶光 天德 進祿	三合 長生 地兵	玉堂 進貴 少微	武曲 不遇 路空	日祿 金星 路空
丁未	進貴 天刑 地兵	日破 大凶 朱雀	金匱 臨官 路空	三合 寶光 路空	進貴 不遇 白虎	日馬 帝旺 玉堂
戊申	大進 青龍 路空	明堂 貴人 路空	日沖 大凶 天刑	天官 進貴 朱雀	喜神 金匱 天兵	六合 日祿 寶光

庚子年每日時局表

亥	戌	酉	申	未	午	時／日
長生 左輔 朱雀	三合 右弼 天刑	天官 明堂 路空	青龍 日馬 路空	羅紋 交貴 勾陳	司命 不遇 地兵	甲午
三合 明堂 福星	喜神 青龍 天兵	太陽 比肩 勾陳	羅紋 交貴 司命	右弼 元武 路空	六合 長生 路空	乙未
羅紋 交貴 天退	司命 福星 六戊	天赦 貴人 元武	喜神 天兵 天牢	玉堂 進貴 狗食	大進 武曲 白虎	丙申
天官 貴人 元武	右弼 天牢 地兵	大進 玉堂 福星	雷兵 白虎 六戊	天赦 進貴 寶光	喜神 祿貴 天兵	丁酉
玉堂 少微 路空	武曲 白虎 路空	天德 寶光 天賊	金匱 福星 地兵	貴人 右弼 朱雀	三合 帝旺 六戊	戊戌
天德 寶光 建刑	金匱 福德 狗食	長生 朱雀 路空	祿貴 交馳 路空	三合 明堂 福星	青龍 日祿 地兵	己亥
天赦 左輔 朱雀	喜神 不遇 天兵	明堂 帝旺 進貴	三合 日祿 青龍	貴人 進祿 路空	日沖 大凶 路空	庚子
明堂 日馬 大退	青龍 六戊 雷兵	三合 天赦 日祿	喜神 司命 天兵	日破 大凶 玄武	羅紋 交貴 大進	辛丑
祿貴 交馳 六合	三合 司命 地兵	大進 傳送 天武	日沖 大凶 勿用	玉堂 天官 天赦	喜神 三合 天兵	壬寅
三合 生旺 路空	六合 進貴 路空	日沖 大凶 五鬼	國印 白虎 地兵	三合 寶光 天德	金匱 雷兵 六戊	癸卯
六申 趨乾 玉堂	日破 大凶 白虎	六合 寶光 路空	三合 金匱 路空	天官 貴人 朱雀	貪狼 天刑 地兵	甲辰
日沖 大凶 勿用	喜神 金匱 天兵	三合 太陽 朱雀	六合 貴人 天賊	明堂 進貴 路空	青龍 長生 路空	乙巳
祿貴 交馳 朱雀	三合 福星 六戊	明堂 貴人 天赦	喜神 青龍 天兵	六合 長生 勾陳	大進 司命 帝旺	丙午
三合 明堂 貴人	青龍 進貴 地兵	大進 貴人 福星	司命 進貴 六戊	同類 相資 元武	喜神 日祿 天兵	丁未
少微 勾陳 路空	司命 鳳輦 路空	功曹 元武 五鬼	福星 進祿 地兵	羅紋 交貴 玉堂	帝旺 白虎 六戊	戊申

庚子年每日時局表

巳	辰	卯	寅	丑	子	時／日
三合 生旺 朱雀	六合 雷兵 六戊	日破 大凶 旬空	喜神 青龍 天兵	三合 唐符 不遇	大進 貴人 司命	己酉
長生 明堂 傳送	日破 大凶 地兵	六合 大進 勾陳	三合 司命 六戊	天赦 貴人 元武	喜神 天牢 天兵	庚戌
日破 大凶 路空	司命 進祿 路空	三合 元武 天賊	六合 貴人 天兵	玉堂 少微 五鬼	長生 白虎 六戊	辛亥
羅紋 交貴 天賊	三合 福星 武曲	祿貴 交馳 路空	趨艮 白虎 路空	六合 天德 寶光	金匱 福德 地福	壬子
三合 貴人 玉堂	喜神 白虎 天兵	福星 貴人 寶光	金匱 進貴 天賊	同類 相資 路空	大進 日祿 路空	癸丑
寶光 大退 日刑	金匱 雷兵 六戊	天赦 帝旺 朱雀	喜神 日祿 天兵	明堂 貴人 右弼	大進 青龍 進祿	甲寅
日馬 少微 朱雀	武曲 天刑 地兵	大進 日祿 明堂	青龍 雷兵 六戊	天赦 福星 勾陳	司命 貴人 天兵	乙卯
明堂 日祿 路空	青龍 建刑 路空	幹合 勾陳 日害	長生 司命 地兵	國印 元武 旬空	三合 福星 六戊	丙辰
帝旺 左輔 勾陳	司命 傳送 右弼	進貴 元武 路空	進貴 大退 路空	三合 玉堂 少微	貪狼 白虎 地兵	丁巳
日祿 天赦 元武	喜神 武曲 天兵	玉堂 天官 少微	三合 生旺 白虎	寶光 貴人 路空	日破 大凶 路空	戊午
帝旺 玉堂 大退	進貴 白虎 六戊	三合 寶光 天赦	喜神 金匱 天兵	日破 大凶 朱雀	大進 羅紋 交貴	己未
六合 長生 寶光	三合 金匱 地兵	大進 進貴 天賊	日破 大凶 六戊	明堂 貴人 天赦	三合 青龍 天兵	庚申
三合 福星 路空	六合 天刑 路空	日沖 大凶 勿用	青龍 貴人 地兵	三合 武曲 勾陳	司命 長生 六戊	辛酉
明堂 貴人 天賊	日破 大凶 勿用	六合 貴人 路空	三合 司命 路空	天官 水星 元武	帝旺 天牢 地兵	壬戌
日破 大凶 勾陳	喜神 司命 天兵	三合 長生 貴人	六合 臨官 天牢	玉堂 少微 路空	大進 日祿 路空	癸亥

庚子年每日時局表

時／日	午	未	申	酉	戌	亥
己酉	金匱 日祿 地兵	福星 寶光 進祿	貴人 路空 白虎	長生 玉堂 路空	右弼 太陰 天牢	馬元 不遇 元武
庚戌	福星 天官 路空	貴人 朱雀 路空	金匱 日祿 馬元	天德 寶光 帝旺	喜神 白虎 天兵	玉堂 天赦 少微
辛亥	大進 貴人 青龍	三合 明堂 武曲	喜神 明堂 天兵	天赦 日祿 進貴	金匱 雷兵 六戊	天德 寶光 大退
壬子	日破 大凶 天兵	天赦 天官 勾陳	三合 青龍 六戊	大進 進貴 明堂	右弼 天刑 地兵	日祿 少微 朱雀
癸丑	進貴 天牢 六戊	日破 大凶 玄武	司命 進貴 天兵	三合 扶元 勾陳	青龍 日刑 路空	明堂 日馬 路空
甲寅	三合 白虎 地兵	羅紋 交貴 玉堂	日破 大凶 路空	天官 唐符 路空	三合 司命 進祿	六合 長生 勾陳
乙卯	長生 金匱 路空	三合 寶光 路空	貴人 白虎 大退	日沖 大凶 勿用	喜神 六合 天兵	天赦 三合 福星
丙辰	大進 帝旺 天刑	少微 右彈 朱雀	喜神 金匱 天兵	天赦 貴人 寶光	日破 大凶 六戊	玉堂 貴人 大退
丁巳	喜神 日祿 天兵	天赦 明堂 武曲	六合 進祿 六戊	三合 大進 貴人	金匱 福德 地兵	日破 大凶 五鬼
戊午	司命 帝旺 六戊	祿貴 交馳 勾陳	青龍 福星 地兵	明堂 貪狼 進貴	三合 財局 路空	少微 朱雀 路空
己未	祿貴 交馳 地兵	福星 右弼 元武	司命 貴人 路空	長生 勾陳 路空	青龍 進貴 日刑	三合 明堂 不遇
庚申	福星 天官 路空	玉堂 貴人 路空	日祿 太陽 天牢	帝旺 進貴 元武	喜神 司命 天兵	天赦 水星 勾陳
辛酉	大進 貴人 金匱	天德 寶光 黃道	喜神 進貴 天兵	祿貴 交馳 天赦	雷兵 天牢 六戊	日馬 元武 大退
壬戌	喜神 三合 天兵	天官 天赦 朱雀	金匱 日馬 六戊	六進 天德 寶光	武曲 白虎 地兵	玉堂 日祿 少微
癸亥	青龍 雷兵 六戊	三合 明堂 不遇	國印 天刑 地兵	進馬 朱雀 五鬼	金匱 進祿 路空	寶光 帝旺 路空

四

財喜貴方

如何運用財喜貴方

吉祥方位與煞方，也就是一般說的財喜貴方與煞方。傳統上認為，每個方位每天都有不同的吉凶神輪值。一般來說吉神方位有**財神**、**喜門**、**貴門**、**文昌**、**正財**與**偏財**，而凶神則有**煞方**。

以二〇二〇年國曆一月二日這天來說，這天的**財神**在**東南方**，**正財**在**東北方**。這兩個方位關係到正財的部分，也就是平常正規的收入。所以如果今天正好是關係到加薪，或是談生意的日子，那出門後就可選擇往**東南**或**東北**的方位走路或開車三到五分鐘，就可以承接到財神的財氣。

偏財方關係的是偏財的進帳，像是賺外快或者是買彩券的人，出門時可以先往今天的偏財方走，便大大的增加中獎的機率。

喜門是喜事的方位，想要求婚、提親或者是告白甚至是第一次約會的人，出門前可以先往喜門的方位走，可以增加成功的機率。

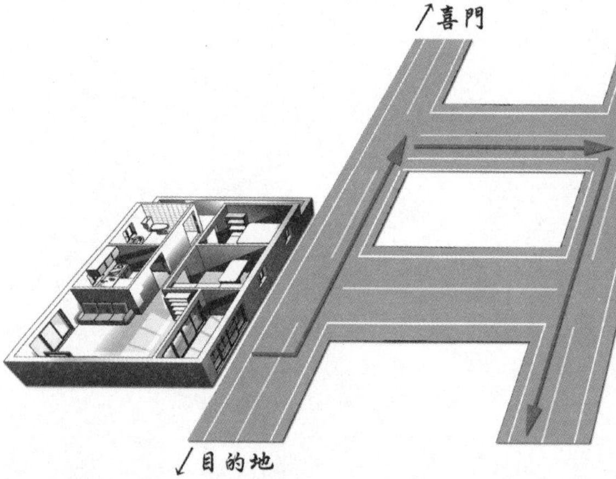

有特定目的時，先往有利之方位移動三到五分鐘，再前往目的地。例如想要告白者，出門後可以先往喜門方向移動，再前往約會場所。

貴門是貴人的方位，希望貴人運強一點的，則可以往貴門的方向走，就可以招來更強的貴人運，避開小人，讓你工作更順利。

文昌關係到考試、讀書等事情，有考試的考生或是工作上要參加升等考試，出門前可以先往今天的文昌方位走，除了能為自己增加一些分數外，也具有穩定自己軍心的作用。

煞方則是當日凶神所在的地方，要盡量避免往該方面活動，以免好事多磨，壞事折磨，如果無可避免的要往那個方位走，那麼出門前不妨多繞一點路，先往其他的好方位走，再轉往目的地，以避免沾染不好的氣場。

有特定目的時，先往有利之方位移動三到五分鐘，再前往目的地。例如想要告白者，出門後可以先往喜門方向移動，再前往約會場所。

目的地為煞方時，先往有利之方位移動三到五分鐘，再前往目的地。例如目的地為煞方，出門後可先往財位方向移動，再前往原目的地。

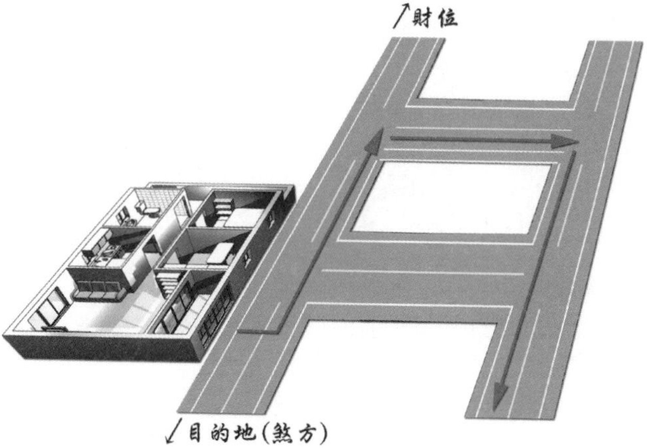

目的地為煞方時，先往有利之方位移動三到五分鐘，再前往目的地。例如目的地為煞方，出門後可先往財位方向移動，再前往原目的地。

庚子年財喜貴煞方位表

二〇二〇國曆一月	農曆十二月大	支干	財神	喜門	貴門	文昌	正財	偏財	煞方
1	初七	癸卯	正南	東南	正東	正東	正北	正南	正西
2	初八	甲辰	東南	東北	西南	東南	東北	中央	正南
3	初九	乙巳	東南	西北	正北	正南	正東	中央	正東
4	初十	丙午	正西	西南	西北	西南	東南	正西	正北
5	十一	丁未	正西	正南	西北	正西	正南	正西	正西
6	十二	戊申	正北	東南	西南	西南	東南	正南	正南
7	十三	己酉	正北	東北	西南	正西	正南	正北	正東
8	十四	庚戌	正東	西北	西南	西北	西南	正東	正北
9	十五	辛亥	正東	西南	正南	正北	正西	正東	正西
10	十六	壬子	正南	正南	正東	東北	西北	正南	正南
11	十七	癸丑	正南	東南	正東	正東	正北	正南	正東
12	十八	甲寅	東南	東北	東北	東南	東北	中央	正北
13	十九	乙卯	東南	西北	西南	正南	正東	中央	正西
14	二十	丙辰	正西	西南	正西	西南	東南	正西	正南
15	廿一	丁巳	正西	正南	正西	正西	正南	正西	正東

庚子年財喜貴煞方位表

煞方	偏財	正財	文昌	貴門	喜門	財神	支干	農曆十二月大	二〇二〇國曆一月
正北	正北	東南	西南	西南	東南	正北	戊午	廿二	16
正西	正北	正南	正西	西南	東北	正北	己未	廿三	17
正南	正東	西南	西北	西南	西北	正東	庚申	廿四	18
正東	正東	正西	正北	東北	西南	正東	辛酉	廿五	19
正北	正南	西北	東北	正東	正南	正南	壬戌	廿六	20
正西	正南	正北	正東	正東	東南	正南	癸亥	廿七	21
正南	中央	東北	東南	東北	東北	東南	甲子	廿八	22
正東	中央	正東	正南	正北	西北	東南	乙丑	廿九	23
正北	正西	東南	西南	正西	西南	正西	丙寅	三十	24
正西	正西	正南	正西	西北	正南	正西	丁卯	正月	25
正南	正北	東南	正北	東北	東南	正北	戊辰	初二	26
正東	正北	正南	正西	西南	東北	正北	己巳	初三	27
正北	正東	西南	西北	西南	西北	正東	庚午	初四	28
正西	正東	正西	正北	正南	西南	正東	辛未	初五	29
正南	正南	西北	東北	正東	正南	正南	壬申	初六	30
正東	正南	正北	正東	東南	東南	正南	癸酉	初七	31

庚子年財喜貴煞方位表

二〇二〇國曆二月	農曆正月小	支干	財神	喜門	貴門	文昌	正財	偏財	煞方
1	初八	甲戌	東南	東北	東北	東南	東北	中央	正北
2	初九	乙亥	東南	西北	西南	正南	正東	中央	正西
3	初十	丙子	正西	西南	正西	西南	東南	正西	正南
4	十一	丁丑	正西	正南	西北	正西	正南	正西	正東
5	十二	戊寅	正北	東南	東北	西南	東南	正北	正北
6	十三	己卯	正北	東北	西南	正西	正南	正北	正西
7	十四	庚辰	正東	西北	東北	西北	西南	正東	正南
8	十五	辛巳	正東	西南	東北	正北	西南	正東	正東
9	十六	壬午	正南	正南	正東	東北	西北	正南	正北
10	十七	癸未	正南	東南	正東	正東	正北	正南	正西
11	十八	甲申	東南	東北	西南	東南	東北	中央	正南
12	十九	乙酉	東南	西北	西南	正南	正東	中央	正東
13	二十	丙戌	正西	西南	正西	西南	東南	正西	正北
14	廿一	丁亥	正西	正南	正西	正西	正南	正西	正西
15	廿二	戊子	正北	東南	東北	西北	西南	正東	正南

庚子年財喜貴煞方位表

二〇二〇國曆二月	農曆正月小	支干	財神	喜門	貴門	文昌	正財	偏財	煞方
16	廿三	己丑	正北	東北	正北	正北	正西	正東	正東
17	廿四	庚寅	正東	西北	東北	東北	西北	正南	正北
18	廿五	辛卯	正東	西南	東北	正東	正北	正南	正西
19	廿六	壬辰	正南	正南	正東	東南	東北	中央	正南
20	廿七	癸巳	正南	東南	東南	正南	正東	中央	正東
21	廿八	甲午	東南	東北	西南	西南	東南	正西	正北
22	廿九	乙未	東南	西北	西南	正南	正東	中央	正西
23	二月	丙申	正西	西南	正西	西南	東南	正西	正南
24	初二	丁酉	正西	正南	西北	正西	正南	正西	正東
25	初三	戊戌	正北	東南	東北	西南	東南	正北	正北
26	初四	己亥	正北	東北	西南	正西	正南	正北	正西
27	初五	庚子	正東	西北	東北	西北	西南	正東	正南
28	初六	辛丑	正東	西南	東北	正北	正西	正東	正東
29	初七	壬寅	正南	正南	正東	東北	西北	正南	正北

庚子年財喜貴煞方位表

二〇二〇國曆三月	農曆二月大	支干	財神	喜門	貴門	文昌	正財	偏財	煞方
1	初八	癸卯	正南	東南	正東	正東	正北	正南	正西
2	初九	甲辰	東南	東北	西南	東南	東北	中央	正南
3	初十	乙巳	東南	西北	正北	正南	正東	中央	正東
4	十一	丙午	正西	西南	西北	西南	東南	正西	正北
5	十二	丁未	正西	正南	西北	正西	正南	正西	正西
6	十三	戊申	正北	東南	西南	西南	東南	正南	正南
7	十四	己酉	正北	東北	西南	正西	正南	正北	正東
8	十五	庚戌	正東	西北	西南	西北	西南	正東	正北
9	十六	辛亥	正東	西南	正南	正北	正西	正東	正西
10	十七	壬子	正南	正南	正東	東北	西北	正南	正南
11	十八	癸丑	正南	東南	正東	正東	正北	正南	正東
12	十九	甲寅	東南	東北	東北	東南	東北	中央	正北
13	二十	乙卯	東南	西北	西南	正南	正東	中央	正西
14	廿一	丙辰	正西	西南	正西	西南	東南	正西	正南
15	廿二	丁巳	正西	正南	正西	正西	正南	正西	正東

庚子年財喜貴煞方位表

煞方	偏財	正財	文昌	貴門	喜門	財神	支干	農曆二月大	二〇二〇國曆三月
正北	正北	東南	西南	西南	東南	正北	戊午	廿三	16
正西	正北	正南	正西	西南	東北	正北	己未	廿四	17
正南	正東	西南	西北	西南	西北	正東	庚申	廿五	18
正東	正東	正西	正北	東北	西南	正東	辛酉	廿六	19
正北	正南	西北	東北	正東	正南	正南	壬戌	廿七	20
正西	正南	正北	正東	正東	東南	正南	癸亥	廿八	21
正南	中央	東北	東南	東北	東北	東南	甲子	廿九	22
正東	中央	正東	正南	正北	西北	東南	乙丑	三十	23
正北	正西	東南	西南	正西	西南	正西	丙寅	三月	24
正西	正西	正南	正西	西北	正南	正西	丁卯	初二	25
正南	正北	東南	正北	東北	東南	正北	戊辰	初三	26
正東	正北	正南	正西	西南	東北	正北	己巳	初四	27
正北	正東	西南	西北	西南	西北	正東	庚午	初五	28
正西	正東	正西	正北	正南	西南	正東	辛未	初六	29
正南	正南	西北	東北	正東	正南	正南	壬申	初七	30
正東	正南	正北	正東	東南	東南	正南	癸酉	初八	31

庚子年財喜貴煞方位表

二〇二〇國曆四月	農曆三月大	支干	財神	喜門	貴門	文昌	正財	偏財	煞方
1	初九	甲戌	東南	東北	東北	東南	東北	中央	正北
2	初十	乙亥	東南	西北	西南	正南	正東	中央	正西
3	十一	丙子	正西	西南	正西	西南	東南	正西	正南
4	十二	丁丑	正西	正南	西北	正西	正南	正西	正東
5	十三	戊寅	正北	東南	東北	西南	東南	正北	正北
6	十四	己卯	正北	東北	西南	正西	正南	正北	正西
7	十五	庚辰	正東	西北	東北	西北	西南	正東	正南
8	十六	辛巳	正東	西南	東北	正北	西南	正東	正東
9	十七	壬午	正南	正南	正東	東北	西北	正南	正北
10	十八	癸未	正南	東南	正東	正東	正北	正南	正西
11	十九	甲申	東南	東北	西南	東南	東北	中央	正南
12	二十	乙酉	東南	西北	西南	正南	正東	中央	正東
13	廿一	丙戌	正西	西南	正西	西南	東南	正西	正北
14	廿二	丁亥	正西	正南	正西	正西	正南	正西	正西
15	廿三	戊子	正北	東南	東北	西北	西南	正東	正南

庚子年財喜貴煞方位表

煞方	偏財	正財	文昌	貴門	喜門	財神	支干	農曆三月大	二〇二〇國曆四月
正東	正東	正西	正北	正北	東北	正北	己丑	**廿四**	16
正北	正南	西北	東北	東北	西北	正東	庚寅	**廿五**	17
正西	正南	正北	正東	東北	西南	正東	辛卯	**廿六**	18
正南	中央	東北	東南	正東	正南	正南	壬辰	**廿七**	19
正東	中央	正東	正南	東南	東南	正南	癸巳	**廿八**	20
正北	正西	東南	西南	西南	東北	東南	甲午	**廿九**	21
正西	中央	正東	正南	西南	西北	東南	乙未	**三十**	22
正南	正西	東南	西南	正西	西南	正西	丙申	**四月**	23
正東	正西	正南	正西	西北	正南	正西	丁酉	**初二**	24
正北	正北	東南	西南	東北	東南	正北	戊戌	**初三**	25
正西	正北	正南	正西	西南	東北	正北	己亥	**初四**	26
正南	正東	西南	西北	東北	西北	正東	庚子	**初五**	27
正東	正東	正西	正北	東北	西南	正東	辛丑	**初六**	28
正北	正南	西北	東北	正東	正南	正南	壬寅	**初七**	29
正西	正南	正北	正東	正東	東南	正南	癸卯	**初八**	30

庚子年財喜貴煞方位表

煞方	偏財	正財	文昌	貴門	喜門	財神	支干	農曆四月大	二〇二〇國曆五月
正南	中央	東北	東南	西南	東北	東南	甲辰	初九	1
正東	中央	正東	正南	正北	西北	東南	乙巳	初十	2
正北	正西	東南	西南	西北	西南	正西	丙午	十一	3
正西	正西	正南	正西	西北	正南	正西	丁未	十二	4
正南	正南	東南	西南	西南	東南	正北	戊申	十三	5
正東	正北	正南	正西	西南	東北	正北	己酉	十四	6
正北	正東	西南	西北	西南	西北	正東	庚戌	十五	7
正西	正東	正西	正北	正南	西南	正東	辛亥	十六	8
正南	正南	西北	東北	正東	正南	正南	壬子	十七	9
正東	正南	正北	正東	正東	東南	正南	癸丑	十八	10
正北	中央	東北	東南	東北	東北	東南	甲寅	十九	11
正西	中央	正東	正南	西南	西北	東南	乙卯	二十	12
正南	正西	東南	西南	正西	西南	正西	丙辰	廿一	13
正東	正西	正南	正西	正西	正南	正西	丁巳	廿二	14
正北	正北	東南	西南	西南	東南	正北	戊午	廿三	15

庚子年財喜貴煞方位表

二〇二〇國曆五月	農曆四月大	支干	財神	喜門	貴門	文昌	正財	偏財	煞方
16	廿四	己未	正北	東北	西南	正西	正南	正北	正西
17	廿五	庚申	正東	西北	西南	西北	西南	正東	正南
18	廿六	辛酉	正東	西南	東北	正北	正西	正東	正東
19	廿七	壬戌	正南	正南	正東	東北	西北	正南	正北
20	廿八	癸亥	正南	東南	正東	正東	正北	正南	正西
21	廿九	甲子	東南	東北	東北	東南	東北	中央	正南
22	三十	乙丑	東南	西北	正北	正南	正東	中央	正東
23	閏四月	丙寅	正西	西南	正西	西南	東南	正西	正北
24	初二	丁卯	正西	正南	西北	正西	正南	正西	正西
25	初三	戊辰	正北	東南	東北	正北	東南	正北	正南
26	初四	己巳	正北	東北	西南	正西	正南	正北	正東
27	初五	庚午	正東	西北	西南	西北	西南	正東	正北
28	初六	辛未	正東	西南	正南	正北	正西	正東	正西
29	初七	壬申	正南	正南	正東	東北	西北	正南	正南
30	初八	癸酉	正南	東南	東南	正東	正北	正南	正東
31	初九	甲戌	東南	東北	東北	東南	東北	中央	正北

庚子年財喜貴煞方位表

二〇二〇國曆六月	農曆閏四月小	支干	財神	喜門	貴門	文昌	正財	偏財	煞方
1	初十	乙亥	東南	西北	西南	正南	正東	中央	正西
2	十一	丙子	正西	西南	正西	西南	東南	正西	正南
3	十二	丁丑	正西	正南	西北	正西	正南	正西	正東
4	十三	戊寅	正北	東南	東北	西南	東南	正北	正北
5	十四	己卯	正北	東北	西南	正西	正南	正北	正西
6	十五	庚辰	正東	西北	東北	西北	西南	正東	正南
7	十六	辛巳	正東	西南	東北	正北	西南	正東	正東
8	十七	壬午	正南	正南	正東	東北	西北	正南	正北
9	十八	癸未	正南	東南	正東	正東	正北	正南	正西
10	十九	甲申	東南	東北	西南	東南	東北	中央	正南
11	二十	乙酉	東南	西北	西南	正南	正東	中央	正東
12	廿一	丙戌	正西	西南	正西	西南	東南	正西	正北
13	廿二	丁亥	正西	正南	正西	正西	正南	正西	正西
14	廿三	戊子	正北	東南	東北	西北	西南	正東	正南
15	廿四	己丑	正北	東北	正北	正北	正西	正東	正東

庚子年財喜貴煞方位表

二〇二〇國曆六月	農曆閏四月小	支干	財神	喜門	貴門	文昌	正財	偏財	煞方
16	廿五	庚寅	正東	西北	東北	東北	西北	正南	正北
17	廿六	辛卯	正東	西南	東北	正東	正北	正南	正西
18	廿七	壬辰	正南	正南	正東	東南	東北	中央	正南
19	廿八	癸巳	正南	東南	東南	正南	正東	中央	正東
20	廿九	甲午	東南	東北	西南	西南	東南	正西	正北
21	五月	乙未	東南	西北	西南	正南	正東	中央	正西
22	初二	丙申	正西	西南	正西	西南	東南	正西	正南
23	初三	丁酉	正西	正南	西北	正西	正南	正西	正東
24	初四	戊戌	正北	東南	東北	西南	東南	正北	正北
25	初五	己亥	正北	東北	西南	正西	正南	正北	正西
26	初六	庚子	正東	西北	東北	西北	西南	正東	正南
27	初七	辛丑	正東	西南	東北	正北	正西	正東	正東
28	初八	壬寅	正南	正南	正東	東北	西北	正南	正北
29	初九	癸卯	正南	東南	正東	正東	正北	正南	正西
30	初十	甲辰	東南	東北	西南	東南	東北	中央	正南

庚子年財喜貴煞方位表

二〇二〇國曆七月	農曆五月大	支干	財神	喜門	貴門	文昌	正財	偏財	煞方
1	十一	乙巳	東南	西北	正北	正南	正東	中央	正東
2	十二	丙午	正西	西南	西北	西南	東南	正西	正北
3	十三	丁未	正西	正南	西北	正西	正南	正西	正西
4	十四	戊申	正北	東南	西南	西南	東南	正南	正南
5	十五	己酉	正北	東北	西南	正西	正南	正北	正東
6	十六	庚戌	正東	西北	西南	西北	西南	正東	正北
7	十七	辛亥	正東	西南	正南	正北	正西	正東	正西
8	十八	壬子	正南	正南	正東	東北	西北	正南	正南
9	十九	癸丑	正南	東南	正東	正東	正北	正南	正東
10	二十	甲寅	東南	東北	東北	東南	東北	中央	正北
11	廿一	乙卯	東南	西北	西南	正南	正東	中央	正西
12	廿二	丙辰	正西	西南	正西	西南	東南	正西	正南
13	廿三	丁巳	正西	正南	正西	正西	正南	正西	正東
14	廿四	戊午	正北	東南	西南	西南	東南	正北	正北
15	廿五	己未	正北	東北	西南	正西	正南	正北	正西

庚子年財喜貴煞方位表

煞方	偏財	正財	文昌	貴門	喜門	財神	支干	農曆五月大	二〇二〇國曆七月
正南	正東	西南	西北	西南	西北	正東	庚申	廿六	16
正東	正東	正西	正北	東北	西南	正東	辛酉	廿七	17
正北	正南	西北	東北	正東	正南	正南	壬戌	廿八	18
正西	正南	正北	正東	正東	東南	正南	癸亥	廿九	19
正南	中央	東北	東南	東北	東北	東南	甲子	三十	20
正東	中央	正東	正南	正北	西北	東南	乙丑	六月	21
正北	正西	東南	西南	正西	西南	正西	丙寅	初二	22
正西	正西	正南	正西	西北	正南	正西	丁卯	初三	23
正南	正北	東南	正北	東北	東南	正北	戊辰	初四	24
正東	正北	正南	正西	西南	東北	正北	己巳	初五	25
正北	正東	西南	西北	西南	西北	正東	庚午	初六	26
正西	正東	正西	正北	正南	西南	正東	辛未	初七	27
正南	正南	西北	東北	正東	正南	正南	壬申	初八	28
正東	正南	正北	正東	東南	東南	正南	癸酉	初九	29
正北	中央	東北	東南	東北	東北	東南	甲戌	初十	30
正西	中央	正東	正南	西南	西北	東南	乙亥	十一	31

庚子年財喜貴煞方位表

二〇二〇國曆八月	農曆六月小	支干	財神	喜門	貴門	文昌	正財	偏財	煞方
1	十二	丙子	正西	西南	正西	西南	東南	正西	正南
2	十三	丁丑	正西	正南	西北	正西	正南	正西	正東
3	十四	戊寅	正北	東南	東北	西南	東南	正北	正北
4	十五	己卯	正北	東北	西南	正西	正南	正北	正西
5	十六	庚辰	正東	西北	東北	西北	西南	正東	正南
6	十七	辛巳	正東	西南	東北	正北	西南	正東	正東
7	十八	壬午	正南	正南	正東	東北	西北	正南	正北
8	十九	癸未	正南	東南	正東	正東	正北	正南	正西
9	二十	甲申	東南	東北	西南	東南	東北	中央	正南
10	廿一	乙酉	東南	西北	西南	正南	正東	中央	正東
11	廿二	丙戌	正西	西南	正西	西南	東南	正西	正北
12	廿三	丁亥	正西	正南	正西	正西	正南	正西	正西
13	廿四	戊子	正北	東南	東北	西北	西南	正東	正南
14	廿五	己丑	正北	東北	正北	正北	正西	正東	正東
15	廿六	庚寅	正東	西北	東北	東北	西北	正南	正北

庚子年財喜貴煞方位表

二〇二〇國曆八月	農曆六月小	支干	財神	喜門	貴門	文昌	正財	偏財	煞方
16	廿七	辛卯	正東	西南	東北	正東	正北	正南	正西
17	廿八	壬辰	正南	正南	正東	東南	東北	中央	正南
18	廿九	癸巳	正南	東南	東南	正南	正東	中央	正東
19	七月	甲午	東南	東北	西南	西南	東南	正西	正北
20	初二	乙未	東南	西北	西南	正南	正東	中央	正西
21	初三	丙申	正西	西南	正西	西南	東南	正西	正南
22	初四	丁酉	正西	正南	西北	正西	正南	正西	正東
23	初五	戊戌	正北	東南	東北	西南	東南	正北	正北
24	初六	己亥	正北	東北	西南	正西	正南	正北	正西
25	初七	庚子	正東	西北	東北	西北	西南	正東	正南
26	初八	辛丑	正東	西南	東北	正北	正西	正東	正東
27	初九	壬寅	正南	正南	正東	東北	西北	正南	正北
28	初十	癸卯	正南	東南	正東	正東	正北	正南	正西
29	十一	甲辰	東南	東北	西南	東南	東北	中央	正南
30	十二	乙巳	東南	西北	正北	正南	正東	中央	正東
31	十三	丙午	正西	西南	西北	西南	東南	正西	正北

庚子年財喜貴煞方位表

二〇二〇國曆九月	農曆七月小	支干	財神	喜門	貴門	文昌	正財	偏財	煞方
1	十四	丁未	正西	正南	西北	正西	正南	正西	正西
2	十五	戊申	正北	東南	西南	西南	東南	正南	正南
3	十六	己酉	正北	東北	西南	正西	正南	正北	正東
4	十七	庚戌	正東	西北	西南	西北	西南	正東	正北
5	十八	辛亥	正東	西南	正南	正北	正西	正東	正西
6	十九	壬子	正南	正南	正東	東北	西北	正南	正南
7	二十	癸丑	正南	東南	正東	正東	正北	正南	正東
8	廿一	甲寅	東南	東北	東北	東南	東北	中央	正北
9	廿二	乙卯	東南	西北	西南	正南	正東	中央	正西
10	廿三	丙辰	正西	西南	正西	西南	東南	正西	正南
11	廿四	丁巳	正西	正南	正西	正西	正南	正西	正東
12	廿五	戊午	正北	東南	西南	西南	東南	正北	正北
13	廿六	己未	正北	東北	西南	正西	正南	正北	正西
14	廿七	庚申	正東	西北	西南	西北	西南	正東	正南
15	廿八	辛酉	正東	西南	東北	正北	正西	正東	正東

庚子年財喜貴煞方位表

二〇二〇國曆九月	農曆七月小	支干	財神	喜門	貴門	文昌	正財	偏財	煞方
16	廿九	壬戌	正南	正南	正東	東北	西北	正南	正北
17	八月	癸亥	正南	東南	正東	正東	正北	正南	正西
18	初二	甲子	東南	東北	東北	東南	東北	中央	正南
19	初三	乙丑	東南	西北	正北	正南	正東	中央	正東
20	初四	丙寅	正西	西南	正西	西南	東南	正西	正北
21	初五	丁卯	正西	正南	西北	正西	正南	正西	正西
22	初六	戊辰	正北	東南	東北	正北	東南	正北	正南
23	初七	己巳	正北	東北	西南	正西	正南	正北	正東
24	初八	庚午	正東	西北	西南	西北	西南	正東	正北
25	初九	辛未	正東	西南	正南	正北	正西	正東	正西
26	初十	壬申	正南	正南	正東	東北	西北	正南	正南
27	十一	癸酉	正南	東南	東南	正東	正北	正南	正東
28	十二	甲戌	東南	東北	東北	東南	東北	中央	正北
29	十三	乙亥	東南	西北	西南	正南	正東	中央	正西
30	十四	丙子	正西	西南	正西	西南	東南	正西	正南

庚子年財喜貴煞方位表

二〇二〇國曆十月	農曆八月大	支干	財神	喜門	貴門	文昌	正財	偏財	煞方
1	十五	丁丑	正西	正南	西北	正西	正南	正西	正東
2	十六	戊寅	正北	東南	東北	西南	東南	正北	正北
3	十七	己卯	正北	東北	西南	正西	正南	正北	正西
4	十八	庚辰	正東	西北	東北	西北	西南	正東	正南
5	十九	辛巳	正東	西南	東北	正北	西南	正東	正東
6	二十	壬午	正南	正南	正東	東北	西北	正南	正北
7	廿一	癸未	正南	東南	正東	正東	正北	正南	正西
8	廿二	甲申	東南	東北	西南	東南	東北	中央	正南
9	廿三	乙酉	東南	西北	西南	正南	正東	中央	正東
10	廿四	丙戌	正西	西南	正西	西南	東南	正西	正北
11	廿五	丁亥	正西	正南	正西	正西	正南	正西	正西
12	廿六	戊子	正北	東南	東北	西北	西南	正東	正南
13	廿七	己丑	正北	東北	正北	正北	正西	正東	正東
14	廿八	庚寅	正東	西北	東北	東北	西北	正南	正北
15	廿九	辛卯	正東	西南	東北	正東	正北	正南	正西

庚子年財喜貴煞方位表

二〇二〇國曆十月	農曆八月大	支干	財神	喜門	貴門	文昌	正財	偏財	煞方
16	三十	壬辰	正南	正南	正東	東南	東北	中央	正南
17	九月	癸巳	正南	東南	東南	正南	正東	中央	正東
18	初二	甲午	東南	東北	西南	西南	東南	正西	正北
19	初三	乙未	東南	西北	西南	正南	正東	中央	正西
20	初四	丙申	正西	西南	正西	西南	東南	正西	正南
21	初五	丁酉	正西	正南	西北	正西	正南	正西	正東
22	初六	戊戌	正北	東南	東北	西南	東南	正北	正北
23	初七	己亥	正北	東北	西南	正西	正南	正北	正西
24	初八	庚子	正東	西北	東北	西北	西南	正東	正南
25	初九	辛丑	正東	西南	東北	正北	正西	正東	正東
26	初十	壬寅	正南	正南	正東	東北	西北	正南	正北
27	十一	癸卯	正南	東南	正東	正東	正北	正南	正西
28	十二	甲辰	東南	東北	西南	東南	東北	中央	正南
29	十三	乙巳	東南	西北	正北	正南	正東	中央	正東
30	十四	丙午	正西	西南	西北	西南	東南	正西	正北
31	十五	丁未	正西	正南	西北	正西	正南	正西	正西

庚子年財喜貴煞方位表

二〇二〇 國曆十一月	農曆 九月小	支干	財神	喜門	貴門	文昌	正財	偏財	煞方
1	十六	戊申	正北	東南	西南	西南	東南	正南	正南
2	十七	己酉	正北	東北	西南	正西	正南	正北	正東
3	十八	庚戌	正東	西北	西南	西北	西南	正東	正北
4	十九	辛亥	正東	西南	正南	正北	正西	正東	正西
5	二十	壬子	正南	正南	正東	東北	西北	正南	正南
6	廿一	癸丑	正南	東南	正東	正東	正北	正南	正東
7	廿二	甲寅	東南	東北	東北	東南	東北	中央	正北
8	廿三	乙卯	東南	西北	西南	正南	正東	中央	正西
9	廿四	丙辰	正西	西南	正西	西南	東南	正西	正南
10	廿五	丁巳	正西	正南	正西	正西	正南	正西	正東
11	廿六	戊午	正北	東南	西南	西南	東南	正北	正北
12	廿七	己未	正北	東北	西南	正西	正南	正北	正西
13	廿八	庚申	正東	西北	西南	西北	西南	正東	正南
14	廿九	辛酉	正東	西南	東北	正北	正西	正東	正東
15	十月	壬戌	正南	正南	正東	東北	西北	正南	正北

庚子年財喜貴煞方位表

二〇二〇國曆十一月	農曆九月小	支干	財神	喜門	貴門	文昌	正財	偏財	煞方
16	初二	癸亥	正南	東南	正東	正東	正北	正南	正西
17	初三	甲子	東南	東北	東北	東南	東北	中央	正南
18	初四	乙丑	東南	西北	正北	正南	正東	中央	正東
19	初五	丙寅	正西	西南	正西	西南	東南	正西	正北
20	初六	丁卯	正西	正南	西北	正西	正南	正西	正西
21	初七	戊辰	正北	東南	東北	正北	東南	正北	正南
22	初八	己巳	正北	東北	西南	正西	正南	正北	正東
23	初九	庚午	正東	西北	西南	西北	西南	正東	正北
24	初十	辛未	正東	西南	正南	正北	正西	正東	正西
25	十一	壬申	正南	正南	正東	東北	西北	正南	正南
26	十二	癸酉	正南	東南	東南	正東	正北	正南	正東
27	十三	甲戌	東南	東北	東北	東南	東北	中央	正北
28	十四	乙亥	東南	西北	西南	正南	正東	中央	正西
29	十五	丙子	正西	西南	正西	西南	東南	正西	正南
30	十六	丁丑	正西	正南	西北	正西	正南	正西	正東

庚子年財喜貴煞方位表

二〇二〇 國曆十二月	農曆 十月大	支干	財神	喜門	貴門	文昌	正財	偏財	煞方
1	十七	戊寅	正北	東南	東北	西南	東南	正北	正北
2	十八	己卯	正北	東北	西南	正西	正南	正北	正西
3	十九	庚辰	正東	西北	東北	西北	西南	正東	正南
4	二十	辛巳	正東	西南	東北	正北	西南	正東	正東
5	廿一	壬午	正南	正南	正東	東北	西北	正南	正北
6	廿二	癸未	正南	東南	正東	正東	正北	正南	正西
7	廿三	甲申	東南	東北	西南	東南	東北	中央	正南
8	廿四	乙酉	東南	西北	西南	正南	正東	中央	正東
9	廿五	丙戌	正西	西南	正西	西南	東南	正西	正北
10	廿六	丁亥	正西	正南	正西	正西	正南	正西	正西
11	廿七	戊子	正北	東南	東北	西北	西南	正東	正南
12	廿八	己丑	正北	東北	正北	正北	正西	正東	正東
13	廿九	庚寅	正東	西北	東北	東北	西北	正南	正北
14	三十	辛卯	正東	西南	東北	正東	正北	正南	正西
15	十一月	壬辰	正南	正南	正東	東南	東北	中央	正南

庚子年財喜貴煞方位表

二〇二〇 國曆十二月	農曆 十月大	支干	財神	喜門	貴門	文昌	正財	偏財	煞方
16	初二	癸巳	正南	東南	東南	正南	正東	中央	正東
17	初三	甲午	東南	東北	西南	西南	東南	正西	正北
18	初四	乙未	東南	西北	西南	正南	正東	中央	正西
19	初五	丙申	正西	西南	正西	西南	東南	正西	正南
20	初六	丁酉	正西	正南	西北	正西	正南	正西	正東
21	初七	戊戌	正北	東南	東北	西南	東南	正北	正北
22	初八	己亥	正北	東北	西南	正西	正南	正北	正西
23	初九	庚子	正東	西北	東北	西北	西南	正東	正南
24	初十	辛丑	正東	西南	東北	正北	正西	正東	正東
25	十一	壬寅	正南	正南	正東	東北	西北	正南	正北
26	十二	癸卯	正南	東南	正東	正東	正北	正南	正西
27	十三	甲辰	東南	東北	西南	東南	東北	中央	正南
28	十四	乙巳	東南	西北	正北	正南	正東	中央	正東
29	十五	丙午	正西	西南	西北	西南	東南	正西	正北
30	十六	丁未	正西	正南	西北	正西	正南	正西	正西
31	十七	戊申	正北	東南	西南	西南	東南	正南	正南

庚子年財喜貴煞方位表

二〇二一國曆一月	農曆十一月小	支干	財神	喜門	貴門	文昌	正財	偏財	煞方
1	十八	己酉	正北	東北	西南	正西	正南	正北	正東
2	十九	庚戌	正東	西北	西南	西北	西南	正東	正北
3	二十	辛亥	正東	西南	正南	正北	正西	正東	正西
4	廿一	壬子	正南	正南	正東	東北	西北	正南	正南
5	廿二	癸丑	正南	東南	正東	正東	正北	正南	正東
6	廿三	甲寅	東南	東北	東北	東南	東北	中央	正北
7	廿四	乙卯	東南	西北	西南	正南	正東	中央	正西
8	廿五	丙辰	正西	西南	正西	西南	東南	正西	正南
9	廿六	丁巳	正西	正南	正西	正西	正南	正西	正東
10	廿七	戊午	正北	東南	西南	西南	東南	正北	正北
11	廿八	己未	正北	東北	西南	正西	正南	正北	正西
12	廿九	庚申	正東	西北	西南	西北	西南	正東	正南
13	十二月	辛酉	正東	西南	東北	正北	正西	正東	正東
14	初二	壬戌	正南	正南	正東	東北	西北	正南	正北
15	初三	癸亥	正南	東南	正東	正東	正北	正南	正西

庚子年財喜貴煞方位表

二〇二一國曆一月	農曆十一月小	支干	財神	喜門	貴門	文昌	正財	偏財	煞方
16	初四	甲子	東南	東北	東北	東南	東北	中央	正南
17	初五	乙丑	東南	西北	正北	正南	正東	中央	正東
18	初六	丙寅	正西	西南	正西	西南	東南	正西	正北
19	初七	丁卯	正西	正南	西北	正西	正南	正西	正西
20	初八	戊辰	正北	東南	東北	正北	東南	正北	正南
21	初九	己巳	正北	東北	西南	正西	正南	正北	正東
22	初十	庚午	正東	西北	西南	西北	西南	正東	正北
23	十一	辛未	正東	西南	正南	正北	正西	正東	正西
24	十二	壬申	正南	正南	正東	東北	西北	正南	正南
25	十三	癸酉	正南	東南	東南	正東	正北	正南	正東
26	十四	甲戌	東南	東北	東北	東南	東北	中央	正北
27	十五	乙亥	東南	西北	西南	正南	正東	中央	正西
28	十六	丙子	正西	西南	正西	西南	東南	正西	正南
29	十七	丁丑	正西	正南	西北	正西	正南	正西	正東
30	十八	戊寅	正北	東南	東北	西南	東南	正北	正北
31	十九	己卯	正北	東北	西南	正西	正南	正北	正西

庚子年財喜貴煞方位表

二〇二一國曆二月	農曆十二月大	支干	財神	喜門	貴門	文昌	正財	偏財	煞方
1	二十	庚辰	正東	西北	東北	西北	西南	正東	正南
2	廿一	辛巳	正東	西南	東北	正北	西南	正東	正東
3	廿二	壬午	正南	正南	正東	東北	西北	正南	正北
4	廿三	癸未	正南	東南	正東	正東	正北	正南	正西
5	廿四	甲申	東南	東北	西南	東南	東北	中央	正南
6	廿五	乙酉	東南	西北	西南	正南	正東	中央	正東
7	廿六	丙戌	正西	西南	正西	西南	東南	正西	正北
8	廿七	丁亥	正西	正南	正西	正西	正南	正西	正西
9	廿八	戊子	正北	東南	東北	西北	西南	正東	正南
10	廿九	己丑	正北	東北	正北	正北	正西	正東	正東
11	三十	庚寅	正東	西北	東北	東北	西北	正南	正北
12	一月	辛卯	正東	西南	東北	正東	正北	正南	正西
13	初二	壬辰	正南	正南	正東	東南	東北	中央	正南
14	初三	癸巳	正南	東南	東南	正南	正東	中央	正東
15	初四	甲午	東南	東北	西南	西南	東南	正西	正北

庚子年財喜貴煞方位表

二〇二一 國曆二月	農曆 十二月大	支干	財神	喜門	貴門	文昌	正財	偏財	煞方
16	**初五**	乙未	東南	西北	西南	正南	正東	中央	正西
17	**初六**	丙申	正西	西南	正西	西南	東南	正西	正南
18	**初七**	丁酉	正西	正南	西北	正西	正南	正西	正東
19	**初八**	戊戌	正北	東南	東北	西南	東南	正北	正北
20	**初九**	己亥	正北	東北	西南	正西	正南	正北	正西
21	**初十**	庚子	正東	西北	東北	西北	西南	正東	正南
22	**十一**	辛丑	正東	西南	東北	正北	正西	正東	正東
23	**十二**	壬寅	正南	正南	正東	東北	西北	正南	正北
24	**十三**	癸卯	正南	東南	正東	正東	正北	正南	正西
25	**十四**	甲辰	東南	東北	西南	東南	東北	中央	正南
26	**十五**	乙巳	東南	西北	正北	正南	正東	中央	正東
27	**十六**	丙午	正西	西南	西北	西南	東南	正西	正北
28	**十七**	丁未	正西	正南	西北	正西	正南	正西	正西

五

庚子年風水運用大全

庚子年九宮飛星大解析

九宮飛星的理論認為，代表不同意義的「九星」每年會落在九個不同的方位上，而這九星依照固定的循環，每九年重複一次。又因為位置的轉換是以「年」為單位，因此又被稱作「流年方位」。這九星各自代表不同的意義，主宰人們一年的運勢，對於各方面產生影響。（關於九宮飛星圖的詳細解說與運用方式，可參考《謝沅瑾財運風水教科書》）

九星的種類與意義

一白、貪狼星，主桃花文職：
易遇桃花感情之姻緣情事，同時亦加強官運與財運。

二黑、巨門星，主身心病痛：
外在病痛不斷，內在煩憂頻起，內外交攻永無寧日。

三碧、祿存星，主官非鬥爭：
易遭官非訴訟纏身不休，或遇致使殘廢之病痛意外。

四綠、文昌星，主讀書考試：
加強讀書效果，頭腦判斷能力，強化考運與升職運。

五黃、廉貞星，主災病凶煞：
宜靜不宜動，貿然動土喪葬者必遭凶煞，非死即傷。

六白、武曲星，主軍警官運：
使軍警職易獲拔擢，升遷快速順暢，最終威權震世。

七赤、破軍星，主盜賊破財：

居家出外易遭盜賊，身邊亦有小人環伺，災禍不斷。

八白、左輔星，主富貴功名：

富貴功名源源不絕，能化凶神為吉星，發財又添丁。

九紫、右弼星，主福祿喜事：

能趕煞催貴，遇之必有喜事臨門，有情人終成眷屬。

九星涵蓋了各種福祿壽喜、生老病死之事，也因此每一星的位置好壞與運用都是不能輕忽之事，如果能夠了解每一年的流年方位，並加以妥善運用，對於個人的運勢將會有很不錯的提升。

二〇二〇庚子年九宮飛星圖

東南	南	西南
六白金	二黑土	四綠木
東 五黃土	七赤金	九紫火 **西**
一白水	三碧木	八白土
東北	北	西北

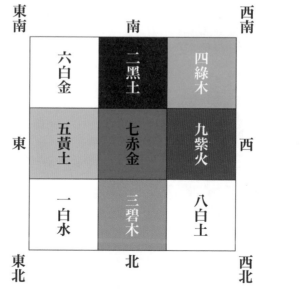

庚子年方位運用及運勢提升之道

流年財位與招財法

九宮飛星所代表的財位，因為每年不同，又叫作流年財位。在九宮飛星中代表財運的星有「一白、六白、八白」，也分別代表了「文官官運財運」、「武官官運財運」以及「整體財運」。經過正確運用，能催動家中真財位，強化財運。

不同職業與不同發展方向的人，要催的財位就不同。像是公務人員希望能夠加薪升官，就要催動「一白」星。若是軍警保全等，想要能有更好的晉升管道，那就要催動「六白」星。而如果是上班族、經商者，或者是不管是哪一種人，就可以使用「八白」星來催動整體財運。

⊙一白財位

二〇二〇年的文星（文曲星）也就是一白星的位置在東北方，從事文職工作的人，可以在這個位置上放文昌筆，點旺文昌，讓思緒更加文思泉湧，靈感源源不絕。另外，在事業工作上面如果想要有所突破，增加人緣，也可以在這個位置上擺放粉水晶。從事文職內勤工作的人，如果房子的這個方位剛好有開窗的話，在事業工作上加分就會特別多。

從事文職工作的人，可以在一白的位置上放文昌筆，點旺文昌。

⊙六白財位

六白星也就是武曲的位置，主要針對跑外勤，甚至軍人、警察，軍警職這類工作的人，**二〇二〇年的六白位在東南方**，如果想在今年爭取晉升、升遷、遠調的機會，建議可以在這個位置上擺放馬匹飾品，最好是前面兩隻腳抬起的馬，頭朝外擺放，民俗上代表驛馬星動，表示比較有升遷或遠調的機會。馬的材質建議使用金屬，其次為原木，第三是玻璃材質。但如果工作已經很穩定者，建議馬匹擺放方向相反，頭朝內，樣子為四隻腳著地，所以如果馬背放錢，代表「馬上有錢」，意味著財運上有提升。馬背上放猴子，代表「馬上封侯」。

⊙八白財位

八白星也就是左輔星的位置，今年來到西北方，不僅是上班、公職或經商，即使只是擺個攤位，都可以運用這個位置來催旺財運。另外，在寺廟中求到的發財金，也可以擺放這個位置上，加分比較多。

東南		南		西南
	六白金			
東				西
	一白水		八白土	
東北		北		西北

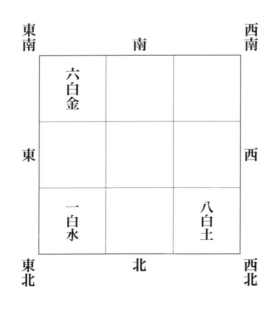

流年桃花位與招桃法

對於桃花位的應用，大多數的人都存有誤解，以為招桃花僅針對男女間的感情。其實「桃花」可以區分為「姻緣桃花」與「人緣桃花」。「姻緣桃花」就是我們一般所認識的、針對男女感情的桃花，如果能招到好的姻緣桃花，就能夠找到好對象，也比較有機會獲得好的姻緣。

另一種是「人緣桃花」，這種桃花代表的是個人與他人之間的交情、友誼。有好的「人緣桃花」，對於人際關係的促進有很大的幫助。對應到日常生活中，如果從事需要密切與人來往的職業，像是業務員、房仲業者、商店販售的店員等，如果能夠適當的增強自己的人緣桃花，對於業績也會有很大的幫助。

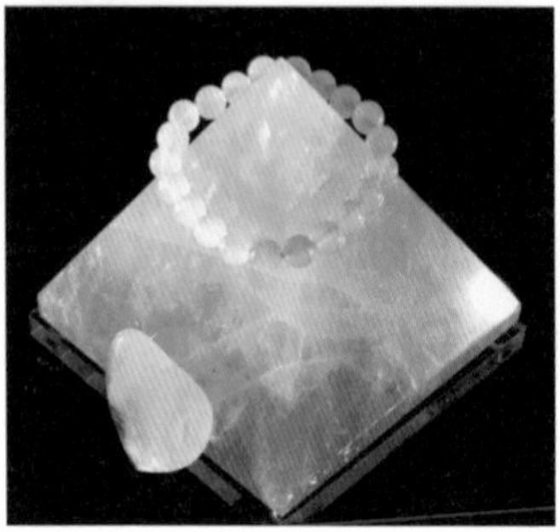

未婚者希望有好對象，可以在流年桃花位上放置粉水晶，有助於提升運勢。

在九宮飛星圖中掌管桃花的有一白。根據九宮飛星圖的流年方位，**今年一白星落在東北方的位置，因此今年的流年桃花位就在東北方**。如果未婚者希望有好對象，可以在這個位置上放置粉水晶或裝水的容器裡放入粉晶，有助於提升運勢。如果是已婚者希望能讓自己有好人緣，可以擺設紫水晶，會幫助促進人際關係，也會增強判斷力。

另外，九宮飛星中的九紫星，一般認為是能招來喜事、催動姻緣。**今年的九紫星位在西方**，可以在這個方位上擺放在月老廟求得的紅線，可以為感情加分。

⊙桃花位的維護

在桃花位擺放招桃花的物品來催動桃花之後，並不表示就可以安心的不去管它。平時也要特別注意桃花位的維護。

如果桃花位髒亂，或者用來擺垃圾桶，在感情上就會很容易遭小人破壞，導致感情破裂。

如果桃花位上擺放髒衣服或是雜物，代表感情容易有遇人不淑、所遇非人的狀況。因為桃花位上堆滿雜物，象徵著感情的狀況錯綜複雜。

如果桃花位完全的空曠或者過度清潔，也不太好，暗示著感情會一乾二淨，感情上容易有缺口經常沒有對象。桃花位如果沒有要加以運用，也最好是保持整齊、清潔，給予適當的照明，才能避免招來爛桃花，並打壞自己的好人緣。

流年文昌與催旺法

九宮飛星中掌管考運的文昌位是為四綠星。**今年的四綠星也就是文昌位於西南方**，對於學生、考公職的人都可以運用這個位置來催旺運勢。有打算考試或是家中有正在求學的小孩，可以在家中**西南方**的位置設置書桌，在文昌位上讀書，將有助於集中精神，提升考運。

另外催旺文昌最常見的方式是點燈，古人用油燈，現代可用檯燈或立燈來代替，在燈上綁上紅布條、紅線或紅繩，不僅對於家裡人的考運能加分，也代表開智慧。也可以運用文昌塔，民間認為文昌塔有貴子之意，就是小孩子考取功名、富貴的意思。但是塔型的高度，應該以奇數為主，一般最高是十三層，可使用五層、七層、九層，越高代表層級越好。在文昌位上也可擺放文房四寶，或者是懸掛文昌筆，以及貼上獨占鰲頭的鰲的圖像或魁星踢斗圖，對於讀書或者是頭腦判斷能力都會有提升。另外也可以擺放紫水晶，可以增強注意力與記憶力，幫助思路清晰，相對的就容易獲得好成績。

如果流年文昌位正好落在廁所的時候，對於判斷分析跟理解能力會有負面影響。建議在廁所內擺放土種黃金葛並且以燈照射，來化解。

正確的書桌擺設，也能幫助提升運氣。書桌或辦公桌最好的擺設方式為：桌面的左邊放置電腦與電話，桌面的右邊則放置文件與文具。這樣的擺放方式能營造出一種安心的氣氛，讓坐在書桌前的人能夠專心的讀書或辦公。

書桌上也可以放置紫水晶，形狀最好是圓形，可以加強思緒清晰。特別要注意的是，像美工刀、剪刀等利器，最好都封好收起來，以免利刃傷害了好機會以及好考運。

如果家中的流年文昌位，正巧落在廁所，建議在廁所內擺放土種黃金葛加上燈照來化解。

流年災病方位與避除法

九宮飛星中有二個要特別注意的星宿，分別為二黑與五黃，是要特別注意防範的方位。

其中二黑代表了「巨門星」，主「身心病痛」，民俗上也代表病符的位置，**今年剛好落在南方**，因此在居家流年風水中，要特別注意的便是避免在這個方位睡覺，以防容易生病，如果房間在這方位者，在這年最好能換房睡覺，也建議在這個方位上擺放龜殼、葫蘆或者是千鶴圖，對於健康方面有加分的效果，不過，要記住千鶴圖千萬不能放上面有畫太陽的，因為那意味著日落西山、駕鶴西歸，千萬要注意！

五黃則代表了「廉貞星」，今年落在東方，主的是「災病凶煞」，是可能會帶來災難病痛的凶星，而且通常是指關於血光的部分，容易受傷、開刀或者有意外傷害。最忌諱的就是動土，因此在居家流年風水中，要特別注意的便是避免在這個方位動土，不管是裝潢、油漆、修改隔間……等，最好都能**先避開東方**，並延到明年後再行施工，也要避免在此方位睡覺。

要注意的是，**如果居家外面、對面跟東方的方位，如果剛好有人動土，家中也會受到五黃煞氣的影響**，一般來說，可以在面對動工的方位上，擺放龜殼來化解。

流年二黑位不宜在此睡覺，並建議擺放葫蘆來提升健康運。

此外，位於**北方的三碧木**，一般來說會帶來官非跟盜賊的影響，也盡量不在這個方位動土。**位於中央的七赤金**，代表破軍星，是盜賊之星，通常在這個方位動工或裝潢，意味著容易遭小偷，也要盡量避免。

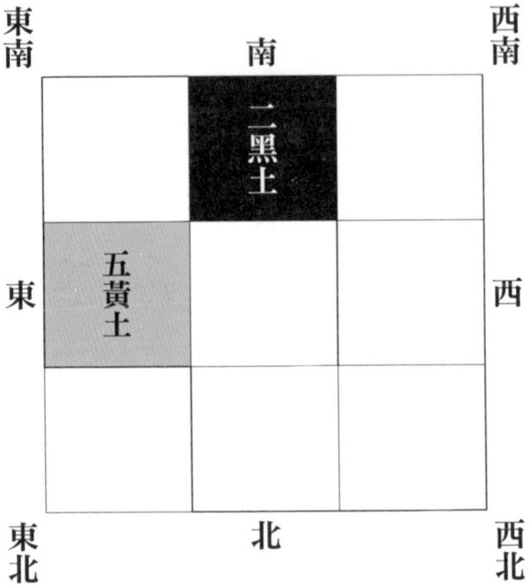

二〇二〇庚子年九宮方位應用圖

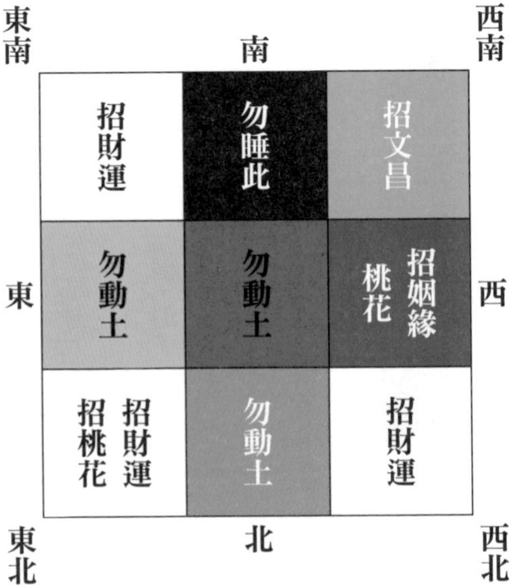

今年的太歲方

今年太歲方在子方（正北方），而今年歲破方則在太歲方對面的午方（正南方）。

我們常聽人說的「太歲頭上動土」，代表一個人不知好歹，做了不該做的事，惹了不該惹的人，因此準備要倒大楣了。其由來便是民俗上認為每年的太歲星君，都會固定降臨在家中的某個方位（例如**今年是子方**），那個方位在今年中，便會成為太歲星君的「專屬方位」。因此如果在這個方位動土，就好像打擾到了太歲星君，可能會使得太歲星君不高興，住家運勢自然可能因而下降。另外要注意的是，歲破方也不能動土。

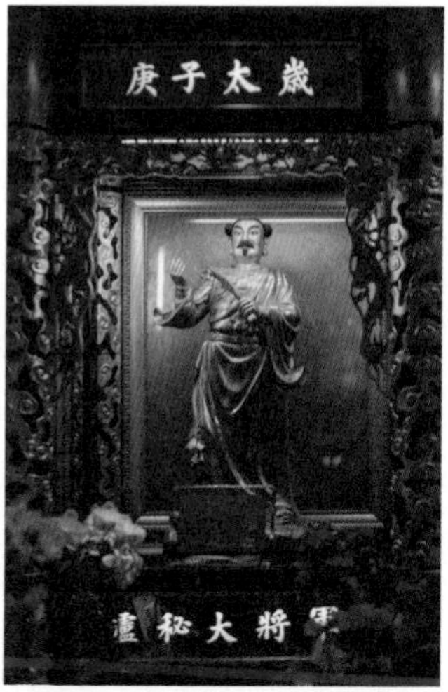

今年的太歲星君為「盧秘大將軍」。

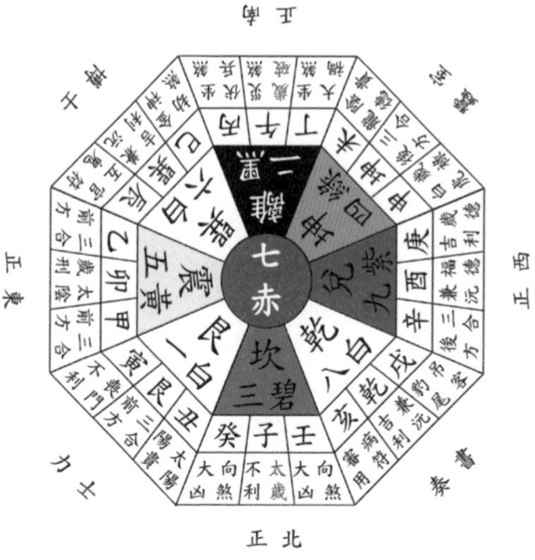

六

庚子年命名大全

姓名學概述

漢字是相當獨特的一種文字，與西方字母不同，漢字是由一筆一畫構成的方塊文字。一個方塊字裡頭，不僅有「象」、有「數」、有「音」也有「義」，亦即《說文解字》提到的：「象形、指事、會意、形聲、轉注、假借。」

從姓名學的角度來說，八字走的是先天命，名字走的是後天運。漢字中的每一個部分都與陰陽五行有所呼應。所以在中國古代，人們便會利用漢字來占卜吉凶禍福，可見漢字不只是單純的文字，更包含著無數的資訊與深意。因此運用在名字上面，對於一個人的影響之大，就不得不謹慎。名字的好壞，關係一個人一生的事業、婚姻、健康乃至親子關係的優劣。

傳統姓名學認為姓名的組合，要考慮許多面向，包括字義、屬性組合、三才、五行、筆劃、生肖、甲骨、八字……要判斷一個人的姓名是否適合，對運勢是否有加分，有兩個重要的步驟：

1 先排出正確的姓名筆劃。

2 針對人格、地格、外格、總格的筆劃來判斷。

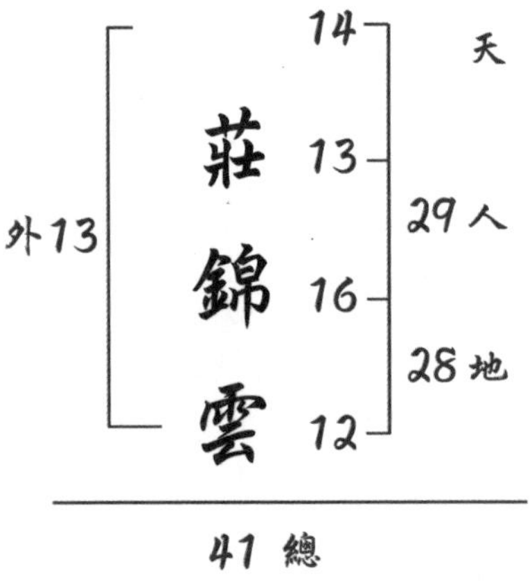

庚子年出生者命名注意事項

適合的部首

「水」「金」的部首

今年是庚子年，天干庚屬金，以五行上來說，使用含有「水」字旁和「金」字旁的字命名會加分較多。

「龍」「辰」「猴」「申」的字形

今年是庚子年，地支屬子，生肖為鼠。以生肖為鼠者來看，形成三合格局者為最佳，因此姓名中有「龍」、「辰」、「猴」、「申」這些部首都能加分，如「振」、「伸」、「候」。

「牛」「丑」「豬」「亥」的字形

根據今年生肖鼠來看，命名以形成六合、三會格局者佳。因此姓名中有「牛」、「丑」、「豬」、「亥」這些部首都能加分，如「牧」、「鈕」、「該」。

「宀」、「冖」、「八」的部首

寶蓋（宀）代表住家，斜蓋（八）代表倉庫，這些都是指居住環境。對屬鼠者來說，不管是在倉庫或者住家裡，都表示能擁有良好的生存空間，有遮風避雨的地方，代表名利雙收，這些部首用在姓名上可以加分。

「豆」、「米」、「禾」、「田」、「月」（肉）的部首

以鼠的生肖來說，這些都代表食物本身或食物的來源，象徵有東西吃，用在姓名上加分多，代表有食有祿，衣食無缺，子孫昌盛。

「亻」、「木」的部首

人字旁（亻）代表有環境有人，是指適合居住的空間，有人的地方就有食物。另外因為老鼠喜歡攀著柱子爬高爬低，「木」字則代表其喜歡的事物，也適合使用。

不適合的部首

「火」、「土」的部首

今年是庚子年，天干庚屬金，就五行的生剋而言，使用含有「火」字旁和「土」字旁的字命名會扣分多，較不適合。

「丙」「丁」的部首

今年是庚子年，天干庚屬金，以五行上來說，因為火剋金，使用含有「丙」、「丁」部首的字，像是「炳」、「婷」等，會扣分較多。

「兔」「卯」的部首

今年是庚子年，地支屬子，生肖為鼠。以生肖為鼠者來看，老鼠跟兔子相刑，是為無禮之刑，因此姓名中有「兔」、「卯」等這些部首都扣分，如「逸」、「柳」等字。

「馬」「午」的部首

今年是鼠年。以生肖為鼠者來看，老鼠跟馬正沖，因此姓名中有「馬」、「午」、這些部首都扣分，如「馳」、「許」等字。

「雞」「酉」的部首

以生肖為鼠者來看，老鼠跟雞之間不相容，易有爭執摩擦，因此姓名中有「雞」、「酉」、這些部首都扣分，如「溪」、「進」、「醒」等字。

「羊」「未」的部首

以生肖為鼠者來看，老鼠跟羊為六害，主損財。因此姓名中有「羊」、「未」這些部首都扣分，如「祥」、「妹」等字。

「山」的部首

老鼠體型小，到了山上就容易跟同伴分散，代表跟六親比較沒有緣分，因此姓名中有「山」字或是「山」字旁的字都扣分。

「石」「心」的部首

石頭代表武器，以鼠來說，這代表被攻擊。「心」部則會影響到心理和個性。因此這兩個部首的字都不建議使用。

「彳」的部首，或是連續兩字都是人字旁

雙人旁代表人多，所謂過街老鼠人人喊打，因此取名時要注意。

「刀」「弓」的部首

這兩個部首的字都是屬於武器，屬鼠的人使用這兩個部首的字，代表會影響父母、配偶、小孩的緣分，如果一定要用，盡量晚婚為宜。

「手」、「皮」、「車」的部首

有這幾個字的部首，代表較會有血光、車禍、意外，命名時建議避開。

男生

正月生 孤獨格兼帶鐵掃，個性稍微孤僻，入贅或住女方家比較會有影響。

二月生 破月，不適合入贅、住女方家。

四月生 犯重婚，婚姻比較會有變數，容易二婚，建議盡量晚婚，注意命名。

八月生 帶桃花，感情機會多，事業助力也多，但要小心有爛桃花，命名時要慎選組合。

十月生 帶亡神煞，取名時要留意，另外就是盡量避免疾病喪葬的場合。

女生

五月生 帶再嫁，婚姻易有變數，取名字要注意相關的問題。

六月生 破月，對婚姻感情較有影響，命名時要特別注意。

八月生 帶桃花，感情上比較豐富，或是可以靠外貌生財，但要避免變成桃花煞。

九月生 寡宿，除了要晚婚之外，取名時要留意筆畫和相關的組合。

十月生 帶亡神煞，建議晚婚，取名時要留意，另外就是盡量避免疾病喪葬的場合。

十二月生 帶鐵掃，不適合住男方家。

姓名八十一數吉凶靈動表

筆劃數	吉凶	詩評
一劃	吉	大展鴻圖，信用得固，無遠弗屆，可獲成功。
二劃	凶	根基不固，搖搖欲墜，一盛一衰，勞而無功。
三劃	吉	根深蒂固，蒸蒸日上，如意吉祥，百事順遂。
四劃	凶	坎坷前途，苦難折磨，非有毅力，難望成功。
五劃	吉	陰陽和合，生意興隆，名利雙收，後福重重。
六劃	吉	萬寶雲集，天降幸運，立志奮發，可成大功。
七劃	吉	專心經營，和氣致祥，排除萬難，必獲成功。
八劃	吉	努力發達，貫徹志望，不忘進退，成功可期。
九劃	凶	雖抱奇才，有才無命，獨營無力，財力難望。
十劃	凶	烏雲遮月，暗淡無光，空費心力，徒勞無功。
十一劃	吉	草木逢春，枯葉沾露，穩健著實，必得人望。
十二劃	凶	薄弱無力，孤立無搖，外祥內苦，謀事難成。
十三劃	吉	天賦吉運，能得人望，善用智慧，必獲成功。
十四劃	大凶	忍得苦難，必有後福，是成是敗，惟靠堅毅。
十五劃	吉	謙恭做事，外得人和，大事成就，一定興隆。
十六劃	吉	能獲眾望，成就大業，名利雙收，盟主四方。
十七劃	吉	排除萬難，有貴人助，把握時機，可得成功。
十八劃	吉	經商做事，順利昌隆，如能慎始，百事亨通。

十九劃	大凶	成功雖早，慎防空虧，內外不合，障礙重重。
二十劃	大凶	智高志大，歷盡艱難，焦心憂勞，進退兩難。
二十一劃	吉	專心經營，善用智慧，霜雪梅花，春來怒放。
二十二劃	凶	秋草逢霜，懷才不遇，憂愁怨苦，事不如意。
二十三劃	吉	旭日昇天，名顯四方，漸次進展，終成大業。
二十四劃	吉	錦繡前程，須靠自力，多用智謀，能奏大功。
二十五劃	吉	天時地利，再得人和，講信修睦，即可成功。
二十六劃	凶	波瀾起伏，千變萬化，凌駕萬難，必可成功。
二十七劃	凶帶吉	一成一敗，一盛一衰，惟靠謹慎，可守成功。
二十八劃	大凶	魚臨旱地，難逃惡運，此數大凶，不如更名。
二十九劃	吉	如龍得雲，青雲直上，智謀奮進，才略奏功。

三十劃	凶	吉凶參半，得失相伴，投機取巧，如賽一樣。
三十一劃	吉	此數大吉，名利雙收，漸進向上，大業成就。
三十二劃	吉	池中之龍，風雲際會，一躍上天，成功可望。
三十三劃	吉	不可意氣，善用智慧，如能慎始，必可昌隆。
三十四劃	大凶	災難不絕，難望成功，此數大凶，不如更名。
三十五劃	吉	中吉之數，進退保守，生意安穩，成就可期。
三十六劃	凶	波瀾重疊，常陷窮困，動不如靜，有才無命。
三十七劃	吉	逢凶化吉，吉人天相，風調雨順，生意興隆。
三十八劃	凶帶吉	名雖可得，利則難獲，藝界發展，可望成功。
三十九劃	吉	雲開見月，雖有勞碌，光明坦途，指日可期。
四十劃	吉帶凶	一盛一衰，浮沉不定，知難而退，自獲天佑。

筆劃數	吉凶	詩評
四十一劃	吉	天賦吉運，德望兼備，繼續努力，前途無限。
四十二劃	吉帶凶	事業不專，十九不成，專心進取，可望成功。
四十三劃	吉帶凶	雨夜之花，外祥內苦，忍耐自重，轉凶為吉。
四十四劃	凶	雖用心計，事難遂願，貪功好進，必招失敗。
四十五劃	吉	楊柳遇春，綠葉發枝，衝破難關，一舉成名。
四十六劃	凶	坎坷不平，艱難重重，若無耐心，難望有成。
四十七劃	吉	有貴人助，可成大業，圓滿無疑，福及子孫。
四十八劃	吉	美化豐實，鶴立雞群，名利俱全，繁榮富貴。
四十九劃	凶	遇吉則吉，遇凶則凶，惟靠謹慎，逢凶化吉。
五十劃	吉帶凶	吉凶互見，一成一敗，凶中有吉，吉中有凶。

筆劃數	吉凶	詩評
五十一劃	吉帶凶	一盛一衰，沉浮不常，自重自處，可保平安。
五十二劃	吉	草木逢春，枯葉沾露，福自天降，財源廣進。
五十三劃	吉帶凶	盛衰參半，外祥內苦，先吉後凶，先凶後吉。
五十四劃	大凶	雖傾全力，難望成功，此數大凶，最好改名。
五十五劃	吉帶凶	外觀隆昌，內隱禍患，克服難關，開出泰運。
五十六劃	凶	事與願違，終難成功，欲速不達，有始無終。
五十七劃	吉	努力經營，時來運轉，曠野枯草，春來花開。
五十八劃	凶帶吉	半凶半吉，沉浮多端，始凶終吉，能保成功。
五十九劃	凶	遇事猶疑，難望成事，大刀闊斧，始可有成。
六十劃	凶	黑暗無光，心迷意亂，出爾反爾。難定方針。

六十一劃	**吉帶凶**	雲遮半月，百隱風波，應自謹慎，始保平安。
六十二劃	**凶**	煩悶懊惱，事事難展，自防災禍，始免困境。
六十三劃	**吉**	萬物化育，繁榮之象，專心一意，必能成功。
六十四劃	**凶**	見異思遷，十九不成，徒勞無功，不如更名。
六十五劃	**吉**	吉運自來，能享盛名，把握機會，必獲成功。
六十六劃	**凶**	黑夜漫長，進退維谷，內外不和，信用缺乏。
六十七劃	**吉**	時來運轉，事事如意，功成名就，富貴自來。
六十八劃	**吉**	思慮周詳，計畫力行，不失先機，可望成功。
六十九劃	**凶**	動搖不安，常陷逆境，不得時運，難得利潤。
七十劃	**凶**	慘淡經營，難免貧困，此數不吉，最好改名。
七十一劃	**吉帶凶**	吉凶參半，惟賴勇氣，貫徹力行，始可成功。
七十二劃	**凶**	利害混集，凶多吉少，得而復失，難以安順。
七十三劃	**吉**	安樂自來，自然吉祥，力行不懈，終必成功。
七十四劃	**凶**	利不及費，坐食山空，如無智謀，難望成功。
七十五劃	**吉帶凶**	吉中帶凶，欲速不達，進不如守，可保安祥。
七十六劃	**大凶**	此數大凶，破產之象，宜速改名，以避厄運。
七十七劃	**吉帶凶**	先苦後甘，先甘後苦，如能守成，不致失敗。
七十八劃	**吉帶凶**	有得有失，華而不實，須防劫財，始保平安。
七十九劃	**凶**	如走夜路，前途無光，希望不大，勞而無功。
八十劃	**吉帶凶**	得而復失，枉費心機，守成無貪，可保安穩。
八十一劃	**吉**	最極之數，還本歸元，能得繁榮，發達成功。

庚子年出生者適合職業解析

傳統的風水觀念中，認為這世界上的萬物都是由「金木水火土」所構成，這五行的「相生」、「相剋」，構成了萬物的變化。五行對照的不僅是天上的星辰與地上的物質，在傳統風水觀念中，方位、數字、顏色、時間、乃至人體構造與職業，都有各自的五行屬性。

在「五行」的觀念中，每個人也有各自的「五行屬性」，一旦了解所屬的五行，便可知道自己目前所從事的學習或職業，是不是符合本身的屬性，也可以依此作為對於未來規劃的參考。

對於家長來說，找出小孩子的性向往往是困難的一件事，如果能夠從小就找出適合孩子發展的方向，並適切的輔助引導孩子，對於孩子日後的學習或是就業都容易產生加分的作用。

簡單的說，在一開始挑選科系或職業上，如果能夠依照「五行相生」的原則，避開相剋的情形，不僅讀書與工作能事半功倍，也比較容易獲得好的發展與機會。如果正處於人生的十字路口，也可以依此原則來看看是否需要轉換跑道。

讀者可從下頁之「庚子年曆」中找出出生時的「干支日」，再依據「日干與五行對照」，便能推算出今年出生之人所代表之「易經卦象」。

而在「適合職業」的判定上，則須同時將「出生季節」考慮進去，對出生季節的判定，是以農民曆中的「節氣」為基準。將一年以「立春」、「立夏」、「立秋」、「立冬」這四個日子區分為春夏秋冬四個季節，在「立夏」後、「立秋」前出生者，其出生季節即為「夏」。

出生日期與易經卦象對照表

出生日期	日干甲、乙	日干丙、丁	日干戊、己	日干庚、辛	日干壬、癸
易經卦象	木	火	土	金	水

若是出生於交節氣的當天又怎麼計算呢？事實上「交節氣」是指太陽在某個時點開始走入下一個節氣，所以是以「某日某時」為時間點，過了交節氣該日的該時辰之後，才轉為下一個季節。

而同一屬性，出生季節卻不同的人，在特性上便會有所不同。例如：「火」可以代表火焰，夏天已為躁熱的天氣型態，此時若再不小心火燭，恐因「木」材助燃而釀成火災。因此「夏月之火」便不適合「木」。但如果是「冬月之火」，由於「火」在寒冷的冬日裡顯得微弱，不容易燃燒起來，若是加了「木」材就能燃燒得更旺，藉以取暖過冬。所以季節與屬性的搭配十分重要。

找出孩子所屬的「四時屬性」後，便可以對照「出生季節卦象與適合職業對照表」，找出最適合的職業屬性，再從下面的「五行職業列表」中，就可以找到最適合孩子的發展方向了。

屬金性行業

與金（金屬、工具、金錢）相關行業：

金銀珠寶業經銷販售、金屬業、貴金屬；五金礦業、冶金、工程、開礦、伐木、刀模、機械、兵工廠、機車行、汽車維修、鎖匙行、修鞋、五金行、武術、音響店、手機行、鐘錶行、眼鏡行、玻璃明鏡店、鋁門窗製作、獎牌徽章店、電器經銷販售、電子器材經銷販售；金融、貿易、經濟、會計、銀行、證券、基金會、彩券行、租車行、網咖、電腦美工設計、動畫師、電話交友、打字員。

屬堅硬性、主動性、主宰性之行業：

軍人、警察、保全、大樓管理員、警衛、討債公司、催帳員、徵信社、外勤公務員、運動、科學、科技、大法官、民意代表、交通事業、司機、鑑定業。

屬木性行業

與木（木材、紙筆布料、藥材）相關行業：

木材、林業、木工、傢俱、裝潢、木器製造業、特殊動植物生長之學者、植物栽種實驗人員、種植花草樹果業、茶葉種植販售；造紙、纖維、紡織、文具行、影印店、出版社、文藝界、文化事業編輯、作家、校稿員、內勤公務人員、司法警政人員、保健醫療器材、保健衛生、健康食品、醫生、藥劑師、護士、按摩師。

屬心靈導引、潛移默化之行業：

僧侶、教授、教師、心理醫師、命理師、舞蹈老師、比丘、比丘尼。

屬水性行業

與水（水、海河、冰）相關行業：

水利、航海業、消防業、溫泉業、酒類經銷販售、醬油、浴室、清潔人員；釣具、泳具、水產、漁貨、船員、漁具相關行業；冷飲業、冷凍。冷藏食品、日本料理、飲茶室、冰果室、冷氣。

屬流動性之行業：

流動性之攤販、外交人員、業務人員、仲介、旅遊業、玩具販售、魔術師、特技人員、特殊表演業、遊樂場、電影院、搬家業、送報員、派報員、送羊牛奶員、跑單幫、市調人員（問卷訪問、計次人員）、空勤人員、記者、偵探、演藝業、服務業（餐廳、飲食店、喫茶店、酒家、酒吧、接待業、旅館）、劇團、自由業、行銷企劃人員、研究、調查、分析。

屬火性行業

與火（火、光、熱、電）相關行業：

冶金、化學、瓦斯、高溫物品、高溫餐飲業廚師、外燴廚師、食品業；照明設備、放映師、錄音師、攝影師、相片館、攝影器材販售、製片業、燈光師；手工藝品、機械加工、食物模型製作、陶瓷製造、工藝、玩具製造、理燙髮業、美容瘦身、修護業、印製業、油品、酒類釀造、汽鍋、暖氣；電氣（發電、機具、工廠）。

具影響性之行業：

評論家、心理學家、演說家、文學（文學研究出版經銷、語文學）、排版、雜誌、新聞、傳播媒體、廣告業、舞台燈光音響、招牌、法律、繪畫、樂器、地毯、窗簾、服飾、衣帽、服裝設計、圖案、裝飾、美工、美容、美術、化妝、美容業、登山用品、玩具槍店、百貨業、十元商店、雕刻、古董。

屬土性行業

與土（土地、土木）相關行業：

畜牧業、蔬果販賣商、農畜百業、農業、林業、園藝、礦業、運輸、倉儲、房地產買賣、當舖、古董家、鑑定師、仲介業、代書、律師、法官、管理、設計、顧問、秘書、會計人員、會計師；水泥業、建築業（木工、水泥工、粗工）、垃圾場、停車場、水晶販售、陶瓷、碗盤販售、防水事業、製糊業。

與喪葬有關行業：

葬儀社、靈骨塔、宗教人員、以及所有宗教行業包括金燭店、車鼓陣、誦經團。

庚子年年曆

109 年 2 月		109 年 1 月		國曆
正月小		十二月大		農曆
戊寅		丁丑		干支
2 月 19 日 雨水午時 12 時 57 分	2 月 4 日 立春酉時 17 時 03 分	1 月 20 日 大寒亥時 22 時 55 分	1 月 6 日 小寒卯時 5 時 30 分	節氣 （國曆）
支干	農曆正月	支干	農曆十二月	國曆
甲戌	初八	癸卯	初七	1
乙亥	初九	甲辰	初八	2
丙子	初十	乙巳	初九	3
丁丑	十一	丙午	初十	4
戊寅	十二	丁未	十一	5
己卯	十三	戊申	十二	6
庚辰	十四	己酉	十三	7
辛巳	十五	庚戌	十四	8
壬午	十六	辛亥	十五	9
癸未	十七	壬子	十六	10
甲申	十八	癸丑	十七	11
乙酉	十九	甲寅	十八	12
丙戌	二十	乙卯	十九	13
丁亥	廿一	丙辰	二十	14
戊子	廿二	丁巳	廿一	15
己丑	廿三	戊午	廿二	16
庚寅	廿四	己未	廿三	17
辛卯	廿五	庚申	廿四	18
壬辰	廿六	辛酉	廿五	19
癸巳	廿七	壬戌	廿六	20
甲午	廿八	癸亥	廿七	21
乙未	廿九	甲子	廿八	22
丙申	二月	乙丑	廿九	23
丁酉	初二	丙寅	三十	24
戊戌	初三	丁卯	正月	25
己亥	初四	戊辰	初二	26
庚子	初五	己巳	初三	27
辛丑	初六	庚午	初四	28
壬寅	初七	辛未	初五	29
		壬申	初六	30
		癸酉	初七	31

庚子年年曆

國曆	109年4月		109年3月	
農曆	三月大		二月大	
干支	庚辰		己卯	
節氣（國曆）	4月19日 穀雨亥時 22時45分	4月4日 清明申時 15時38分	3月20日 春分午時 11時50分	3月5日 驚蟄巳時 10時57分
國曆	支干	農曆三月	支干	農曆二月
1	甲戌	初九	癸卯	初八
2	乙亥	初十	甲辰	初九
3	丙子	十一	乙巳	初十
4	丁丑	十二	丙午	十一
5	戊寅	十三	丁未	十二
6	己卯	十四	戊申	十三
7	庚辰	十五	己酉	十四
8	辛巳	十六	庚戌	十五
9	壬午	十七	辛亥	十六
10	癸未	十八	壬子	十七
11	甲申	十九	癸丑	十八
12	乙酉	二十	甲寅	十九
13	丙戌	廿一	乙卯	二十
14	丁亥	廿二	丙辰	廿一
15	戊子	廿三	丁巳	廿二
16	己丑	廿四	戊午	廿三
17	庚寅	廿五	己未	廿四
18	辛卯	廿六	庚申	廿五
19	壬辰	廿七	辛酉	廿六
20	癸巳	廿八	壬戌	廿七
21	甲午	廿九	癸亥	廿八
22	乙未	三十	甲子	廿九
23	丙申	四月	乙丑	三十
24	丁酉	初二	丙寅	三月
25	戊戌	初三	丁卯	初二
26	己亥	初四	戊辰	初三
27	庚子	初五	己巳	初四
28	辛丑	初六	庚午	初五
29	壬寅	初七	辛未	初六
30	癸卯	初八	壬申	初七
31			癸酉	初八

109年6月		109年5月		國曆
閏四月小		四月大		農曆
壬午		辛巳		干支
6月21日 夏至卯時 05時44分	6月5日 芒種午時 12時58分	5月20日 小滿亥時 21時49分	5月5日 立夏辰時 8時51分	節氣 （國曆）
支干	農曆閏四月	支干	農曆四月	國曆
乙亥	初十	甲辰	初九	1
丙子	十一	乙巳	初十	2
丁丑	十二	丙午	十一	3
戊寅	十三	丁未	十二	4
己卯	十四	戊申	十三	5
庚辰	十五	己酉	十四	6
辛巳	十六	庚戌	十五	7
壬午	十七	辛亥	十六	8
癸未	十八	壬子	十七	9
甲申	十九	癸丑	十八	10
乙酉	二十	甲寅	十九	11
丙戌	廿一	乙卯	二十	12
丁亥	廿二	丙辰	廿一	13
戊子	廿三	丁巳	廿二	14
己丑	廿四	戊午	廿三	15
庚寅	廿五	己未	廿四	16
辛卯	廿六	庚申	廿五	17
壬辰	廿七	辛酉	廿六	18
癸巳	廿八	壬戌	廿七	19
甲午	廿九	癸亥	廿八	20
乙未	五月	甲子	廿九	21
丙申	初二	乙丑	三十	22
丁酉	初三	丙寅	閏四月	23
戊戌	初四	丁卯	初二	24
己亥	初五	戊辰	初三	25
庚子	初六	己巳	初四	26
辛丑	初七	庚午	初五	27
壬寅	初八	辛未	初六	28
癸卯	初九	壬申	初七	29
甲辰	初十	癸酉	初八	30
		甲戌	初九	31

庚子年年曆

國曆	109 年 8 月		109 年 7 月	
農曆	六月小		五月大	
干支	甲申		癸未	
節氣（國曆）	8 月 22 日 處暑子時 23 時 45 分	8 月 7 日 立秋巳時 9 時 06 分	7 月 22 日 大暑申時 16 時 37 分	7 月 6 日 小暑子時 23 時 14 分
國曆	支干	農曆六月	支干	農曆五月
1	丙子	十二	乙巳	十一
2	丁丑	十三	丙午	十二
3	戊寅	十四	丁未	十三
4	己卯	十五	戊申	十四
5	庚辰	十六	己酉	十五
6	辛巳	十七	庚戌	十六
7	壬午	十八	辛亥	十七
8	癸未	十九	壬子	十八
9	甲申	二十	癸丑	十九
10	乙酉	廿一	甲寅	二十
11	丙戌	廿二	乙卯	廿一
12	丁亥	廿三	丙辰	廿二
13	戊子	廿四	丁巳	廿三
14	己丑	廿五	戊午	廿四
15	庚寅	廿六	己未	廿五
16	辛卯	廿七	庚申	廿六
17	壬辰	廿八	辛酉	廿七
18	癸巳	廿九	壬戌	廿八
19	甲午	七月	癸亥	廿九
20	乙未	初二	甲子	三十
21	丙申	初三	乙丑	六月
22	丁酉	初四	丙寅	初二
23	戊戌	初五	丁卯	初三
24	己亥	初六	戊辰	初四
25	庚子	初七	己巳	初五
26	辛丑	初八	庚午	初六
27	壬寅	初九	辛未	初七
28	癸卯	初十	壬申	初八
29	甲辰	十一	癸酉	初九
30	乙巳	十二	甲戌	初十
31	丙午	十三	乙亥	十一

109年10月		109年9月		國曆
八月大		七月小		農曆
丙戌		乙酉		干支
10月23日 霜降辰時 7時00分	10月8日 寒露寅時 3時55分	9月22日 秋分亥時 21時31分	9月7日 白露午時 12時08分	節氣 （國曆）
支干	農曆八月	支干	農曆七月	國曆
丁丑	十五	丁未	十四	1
戊寅	十六	戊申	十五	2
己卯	十七	己酉	十六	3
庚辰	十八	庚戌	十七	4
辛巳	十九	辛亥	十八	5
壬午	二十	壬子	十九	6
癸未	廿一	癸丑	二十	7
甲申	廿二	甲寅	廿一	8
乙酉	廿三	乙卯	廿二	9
丙戌	廿四	丙辰	廿三	10
丁亥	廿五	丁巳	廿四	11
戊子	廿六	戊午	廿五	12
己丑	廿七	己未	廿六	13
庚寅	廿八	庚申	廿七	14
辛卯	廿九	辛酉	廿八	15
壬辰	三十	壬戌	廿九	16
癸巳	九月	癸亥	八月	17
甲午	初二	甲子	初二	18
乙未	初三	乙丑	初三	19
丙申	初四	丙寅	初四	20
丁酉	初五	丁卯	初五	21
戊戌	初六	戊辰	初六	22
己亥	初七	己巳	初七	23
庚子	初八	庚午	初八	24
辛丑	初九	辛未	初九	25
壬寅	初十	壬申	初十	26
癸卯	十一	癸酉	十一	27
甲辰	十二	甲戌	十二	28
乙巳	十三	乙亥	十三	29
丙午	十四	丙子	十四	30
丁未	十五			31

庚子年年曆

國曆	109 年 12 月		109 年 11 月	
農曆	十月大		九月小	
干支	戊子		丁亥	
節氣（國曆）	12 月 21 日 冬至酉時 18 時 02 分	12 月 7 日 大雪子時 0 時 09 分	11 月 22 日 小雪寅時 4 時 40 分	11 月 7 日 立冬辰時 7 時 14 分
國曆	支干	農曆十月	支干	農曆九月
1	戊寅	十七	戊申	十六
2	己卯	十八	己酉	十七
3	庚辰	十九	庚戌	十八
4	辛巳	二十	辛亥	十九
5	壬午	廿一	壬子	二十
6	癸未	廿二	癸丑	廿一
7	甲申	廿三	甲寅	廿二
8	乙酉	廿四	乙卯	廿三
9	丙戌	廿五	丙辰	廿四
10	丁亥	廿六	丁巳	廿五
11	戊子	廿七	戊午	廿六
12	己丑	廿八	己未	廿七
13	庚寅	廿九	庚申	廿八
14	辛卯	三十	辛酉	廿九
15	壬辰	十一月	壬戌	十月
16	癸巳	初二	癸亥	初二
17	甲午	初三	甲子	初三
18	乙未	初四	乙丑	初四
19	丙申	初五	丙寅	初五
20	丁酉	初六	丁卯	初六
21	戊戌	初七	戊辰	初七
22	己亥	初八	己巳	初八
23	庚子	初九	庚午	初九
24	辛丑	初十	辛未	初十
25	壬寅	十一	壬申	十一
26	癸卯	十二	癸酉	十二
27	甲辰	十三	甲戌	十三
28	乙巳	十四	乙亥	十四
29	丙午	十五	丙子	十五
30	丁未	十六	丁丑	十六
31	戊申	十七		

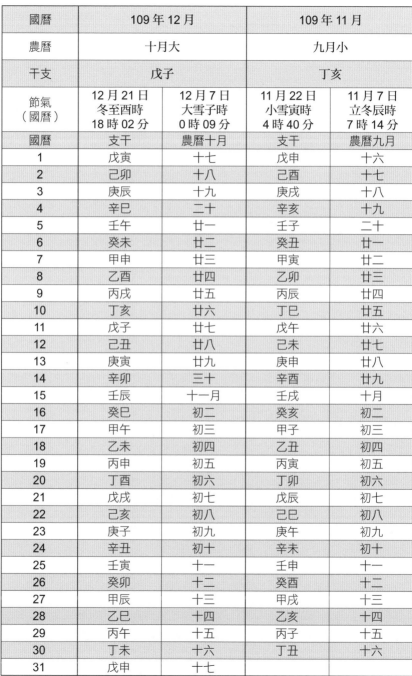

庚子年年曆

110年2月		110年1月		國曆
十二月大		十一 月小		農曆
庚寅		己丑		干支
2月18日 雨水酉時 18時44分	2月3日 立春亥時 22時59分	1月20日 大寒寅時 4時40分	1月5日 小寒午時 11時23分	節氣 （國曆）
支干	農曆十二月	支干	農曆十一 月	國曆
庚辰	二十	己酉	十八	1
辛巳	廿一	庚戌	十九	2
壬午	廿二	辛亥	二十	3
癸未	廿三	壬子	廿一	4
甲申	廿四	癸丑	廿二	5
乙酉	廿五	甲寅	廿三	6
丙戌	廿六	乙卯	廿四	7
丁亥	廿七	丙辰	廿五	8
戊子	廿八	丁巳	廿六	9
己丑	廿九	戊午	廿七	10
庚寅	三十	己未	廿八	11
辛卯	一月	庚申	廿九	12
壬辰	初二	辛酉	十二月	13
癸巳	初三	壬戌	初二	14
甲午	初四	癸亥	初三	15
乙未	初五	甲子	初四	16
丙申	初六	乙丑	初五	17
丁酉	初七	丙寅	初六	18
戊戌	初八	丁卯	初七	19
己亥	初九	戊辰	初八	20
庚子	初十	己巳	初九	21
辛丑	十一	庚午	初十	22
壬寅	十二	辛未	十一	23
癸卯	十三	壬申	十二	24
甲辰	十四	癸酉	十三	25
乙巳	十五	甲戌	十四	26
丙午	十六	乙亥	十五	27
丁未	十七	丙子	十六	28
		丁丑	十七	29
		戊寅	十八	30
		己卯	十九	31

出生節氣屬性與適合職業對照表

日干甲乙（木）					
出生日＼職業屬性	金	木	水	火	土
春月之木	可	良	劣	優	差
夏月之木	可	差	優	劣	良
秋月之木	良	可	劣	優	差
冬月之木	差	可	劣	優	良
日干丙丁（火）					
出生日＼職業屬性	金	木	水	火	土
春月之火	優	可	劣	良	差
夏月之火	可	劣	優	差	可
秋月之火	差	優	劣	良	可
冬月之火	差	優	劣	良	可
日干戊己（土）					
出生日＼職業屬性	金	木	水	火	土
春月之土	差	劣	可	優	良
夏月之土	可	良	優	劣	差
秋月之土	劣	優	差	良	可
冬月之土	差	良	優	可	劣
日干庚辛（金）					
出生日＼職業屬性	金	木	水	火	土
春月之金	良	差	劣	可	優
夏月之金	優	差	良	劣	可
秋月之金	劣	良	優	可	差
冬月之金	良	差	劣	可	優
日干壬癸（水）					
出生日＼職業屬性	金	木	水	火	土
春月之水	差	優	劣	可	良
夏月之水	良	劣	優	差	可
秋月之水	優	可	差	良	劣
冬月之水	差	良	劣	優	可

七

招財補運 DIY

民俗知識：補運

「補運」是流傳已久的民間習俗，所謂「命定終生、運定浮沉」，追求幸福乃人之常情，尤其在運途不順、身體欠安時，總會希望神明加持、保佑，或是趁特定日子向神明祈求賜予好運。而日常生活中並非盡如人意，難免會有做事不順或者運勢低迷的時刻，民俗上認為這時要透過補運來加持，減少波折與困難，讓事情順利。

補運的形式和進行的時間、地點相當多樣，除了特殊的廟宇補運科儀，其他像是搭配神明生日所舉行的「點燈補運」、「進錢補運」、「過限補運」等，還有配合節日的，如上元、中元、下元節補運、農曆六月六日開天門補運等。而平常若感到運勢不佳、行運不足，也可至廟裡祭解（制解），以達到消災解厄、趨吉避凶、提升自身整體的目的。

點燈補運

點燈補運是常見的補運方式，通常是配合年節，在農曆正月十五前到廟宇進行，由個人根據自己該年度生肖所沖犯的神煞，進行祭解、制化。例如沖犯太歲的人就要進行安太歲，沖犯天狗、白虎者，就需要制化，之後再點上太歲燈、光明燈等。民間認為點燈象徵照亮運途、元辰光采，這樣就能達到補運的效果。

除此之外，各大廟宇在春秋兩季或者各項法會中常見的點斗燈，也可以視作一種補運的法事。春季禮斗多在農曆新年到三月間，而秋季則多集中於農曆九月，有時候也會在主神誕辰時舉行。斗燈是在圓形的米桶中，放入米、銅鏡、七星劍、文公尺、秤、傘、油燈、銅錢、紅線等，象徵避邪、消災、祈福。其中油燈代表生生不息、元辰光明，目的同樣也是補充運勢、祈求延壽、消災解厄。

進錢補運

進錢補運是盛行在台灣南部地區的特殊補運法，通常在神明誕辰日，由乩童作為主要執行法事的人。所謂的進錢補運，就是透過貢獻金紙，祈求神明消災解厄。進錢補運的金紙有特殊形式，稱作桶盤金。信徒將桶盤金放置在供桌上，乩童起乩後，會進行一連串的科儀，象徵一路上來到天曹，再將信徒所準備的桶盤金獻給天上的神明，即完成補運的儀式。

祭解補運

一般人若平時覺得做事不順利，或者感覺運勢低落，一般也會到廟宇去進行祭解厄運以及補運的儀式。每一間廟宇的補運法多不相同，有的是民眾自行到寺廟祭拜補運，有的則在廟中聘有駐廟道士進行相關儀式，如台北關渡宮、保安宮、指南宮等。這類補運內容多半是自備或在廟裡購買祭品，準備替身紙人、米糕（含龍眼）等擺在盤中，另備金紙、壽麵等一起祭拜，祈求消災解厄，等到拜完後再將替身、金紙一起焚化掉，龍眼殼剝下，象徵去除厄運。

有的廟宇則有特別規則，由信徒自己與神明溝通，來進行補運的儀式。例如苗栗的白沙屯媽祖廟，補運的信徒必須先請示媽祖是否需要補運，得到應允之後，就要到神龕前向媽祖擲筊，以決定補運時所需的金紙數量，之後將神明指派的金紙數量、改運人的衣服、頭髮、指甲等，一併放到供桌上點香祭拜。半小時後，再擲筊請示，等神明同意之後，再燒化金紙，將衣服蓋上媽祖印信當日換穿，即能達到消災、補運的目的。

時節補運

除了上述幾項，民間也盛行配合節日、節氣的補運儀式，例如補春運、三元節補運、農曆六月六日開天門補運等。

❖補春運

所謂的「補春運」，就是在立春當天至廟宇補運。立春是二十四節氣的首個節氣，亦是春回大地，萬物滋生之時，是個大好日子。在這期間補運，有祈求新的一年諸事平安、無災無厄之意。

一般補春運的儀式，是在當天帶補運者洗淨之貼身上衣，透過科儀，用誠懇的心誦經、跟拜，請求神明做主為自己消災，並補滿自己今年的運勢。許多廟宇於補春運儀式期間，供桌上一字排開擺滿信眾的衣物，景況相當壯觀。

❖三元節補運

上元、中元、下元統稱為「三元」，它們分別是：上元節（農曆元月十五日，天官大帝尊聖誕），即為「天官賜福」；中元節（農曆七月十五日，地官大帝尊聖誕），即為「地官赦愆」；下元節（農曆十月十五日，水官大帝尊聖誕），即為「水官解厄」。這三節在民間習俗上非常重要，利用三官大帝壽誕當天，可以為自己消災祈福，更是補運和補財庫的最好時機。

❖開天門補運

農曆六月六日是民俗上「開天門」的日子，又稱為「天貺節」、「半年節」。「天貺」，即玉皇上帝賜利之意。這個節日歷史相當悠久，自宋代開始就有開天門這樣的記載。民間信仰認為上蒼將於此日賜下珍寶給世人，在這天祈求時也較為靈驗，因此信眾把握難得的機會，前來廟中敬拜天神以及補運，許多宮廟也會特別舉行法會，誦經禮懺來為信眾消災植福，因此經常擠進眾多的信眾前來上香祭拜。

開天門這天可說是補下半年運勢的最好時機，一般而言在六月六日的清晨到六月七日前的這一段時間，都可以到廟裡進行補運。補運時準備補運錢，放著用紅紙寫上祈福的名單，搭配米糕、龍眼乾、水果等供品一起祭拜，有的廟宇會搭配誦經團為信徒祈福，有的則有道長進行補運科儀。補運儀式完成之後，將龍眼剝殼，象徵剝去壞運，脫胎換骨，好運齊來。

❖其他方式

信眾如果臨時有狀況希望得到神明祝福，也可將身上的宗教飾物，如平安符、佛牌、香袋等，到廟裡過個香火，再以虔誠的心配戴之，等到相關節日或有空之時，再來進行正式的補運。

除了上述的各種方法之外，平時也應該要注意調理身體、保持愉快的心情，適當的運動、休閒，多多行善、累積福德，才能讓自己的運勢持續保持良好的狀態，迎接人生的各項挑戰。

庚子年太歲星君安奉與太歲符

「太歲」又稱「歲星」，每個人出生年與太歲都有對應關係，根據沖犯原則，就有「正沖」跟「偏沖」的概念產生。「正沖」就是正對自己的生肖年，而「偏沖」是指相隔六年。不管是正沖或偏沖，都屬不吉，都必須在年初「安奉太歲」，以求平安。而到了年尾則須「謝太歲」，感謝太歲整年的保佑。

太歲安奉法（年初安太歲）

安奉地點：可供奉在神桌上。

安奉時間：農曆正月初九、正月十五日，或選吉日安奉。

安奉供品：清茶、水果、香燭，另備壽金、太極金、天金。

安奉方法：將太歲符安放在正確位置後，備好香案，點三支香，心中默唸：「弟子〇〇〇因本年沖犯太歲，請太歲星君到此鎮宅，保佑平安。」香燃過一半之後，即可燒化金紙，儀式完成。

謝太歲法（年尾謝太歲）

謝太歲地點：太歲供奉處。

謝太歲時間：農曆十二月二十四日上午吉時。

謝太歲供品：清茶、水果、香燭，另備壽金、太極金、天金。

謝太歲方法：在安奉太歲符前，備好香案，點三支香，心中默唸：「弟子〇〇〇，今備香花四果，感謝太歲星君一年的保佑。」之後取下太歲符，同金紙一同燒化即完成。

今年需安太歲者：

正沖——相鼠人：一歲、十三歲、廿五歲、卅七歲、四九歲、六一歲、七三歲、八五歲

偏沖——相馬人：七歲、十九歲、卅一歲、四三歲、五五歲、六七歲、七九歲、九一歲

現在居住地：

唵佛敕

太陽星君

南斗星君

北斗星君

太陰娘娘

太歲庚子年盧秘星君到此鎮

敕六甲神將敕天官賜福敕鎮定光明

敕六丁天兵敕招財進寶敕閤家平安

雷雷雷雷雷
雷雷雷雷雷

信士
女

奉敬

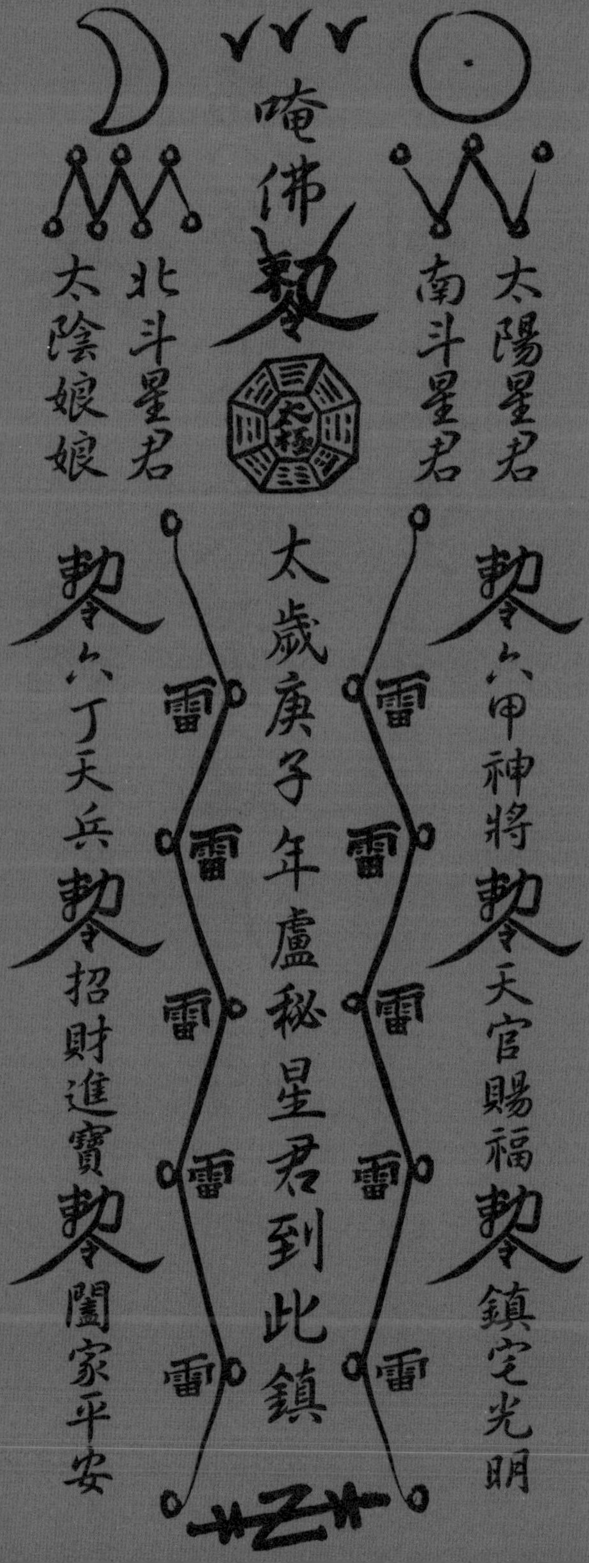

恭請

庚子太歲盧秘大將軍

到府坐鎮

謹

太歲稱號之差異

根據「六十甲子」的循環，太歲星君共有六十位。目前台灣各地所供奉的太歲星君，稱號都略有差異，但讀音都幾乎相近，因此有一說認為，這差異應是讀音與標記所引起。庚子年的太歲星君為「盧秘星君」。

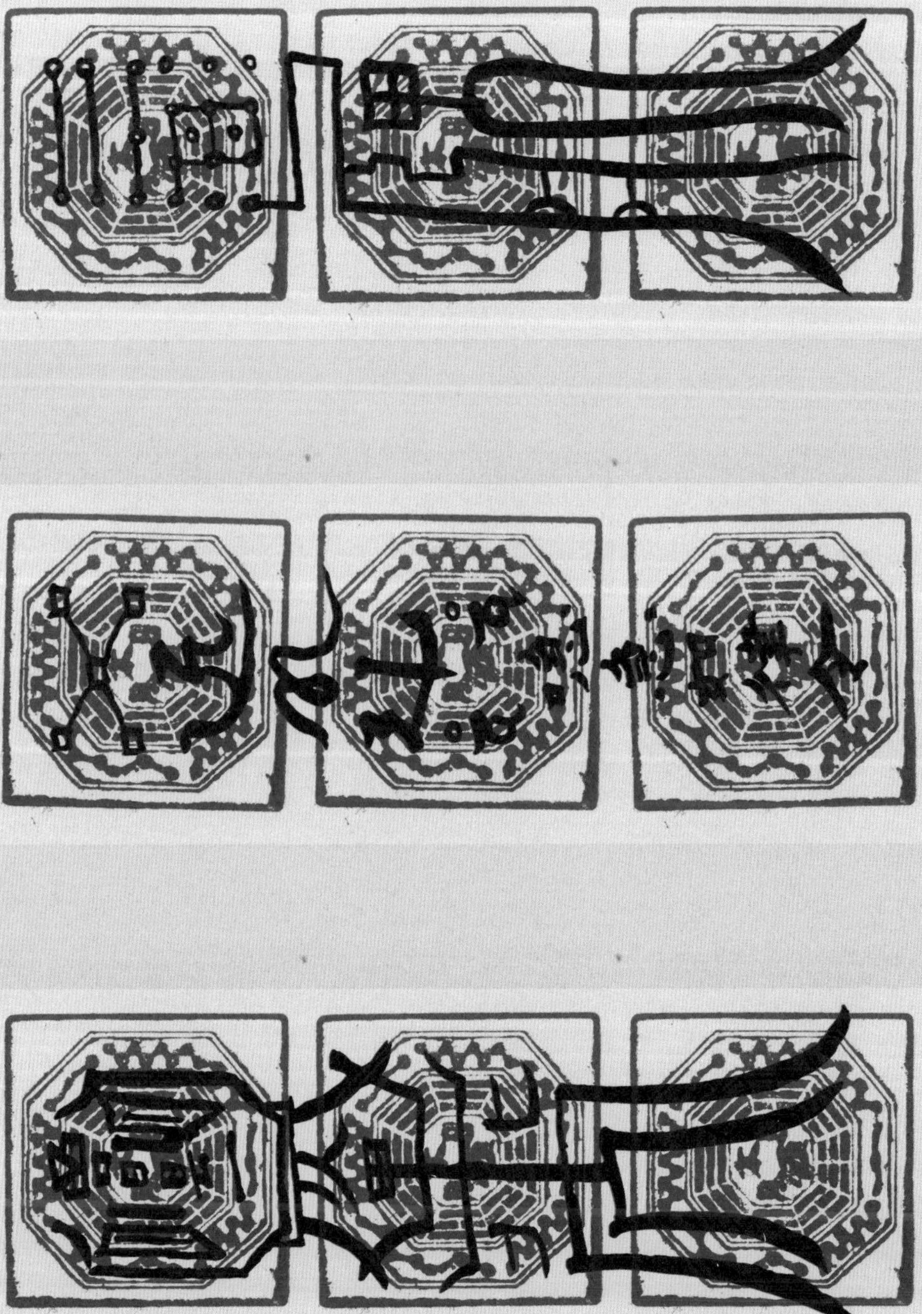

庚子年個人招財符

謝沅瑾

命理研究中心

瑾

庚子年居家招財符

謝沅瑾

命理研究中心

瑾

庚子年店面招財符

謝沅瑾

命理研究中心

瑾

個人、店面、居家招財符

招財符使用說明

本次隨書附贈之「招財符三連發」（右頁，請讀者自行剪裁），分別為個人招財符、店面招財符與居家招財符。皆由謝沅瑾老師親自繪製開光，希望能帶給讀者一個好運滿滿的庚子年。

⊙使用方法

個人招財符收在皮夾裡，隨身攜帶。居家與店面招財符，則擺放在家裡或店裡的隱密處，一般來說，店面招財符可以擺放在收銀台或櫃台的收銀機、抽屜之中，居家招財符則可以擺放在家裡的財位上，可以更加催動財位。

此符有一整年之效力，使用前可以先拿到陽廟之主爐上過香火，更添效力。擺放或者攜帶一年之後，在農曆十二月廿四日送神日時，同金紙一起燒化即可。謝沅瑾老師在此還要提醒大家，平日若多行善積德，努力工作，則招財效果更佳！

個人招財符置於皮包內，居家店面招財符則置於財位隱密處。

玩藝 0087

謝沅瑾鼠年生肖運勢大解析

史上最萬用的開運工具書，謝老師親算二〇二〇農民曆、流年流月，
一書在案，平安加持、財旺運開！

作　　者——謝沅瑾
書籍製作——謝沅瑾命理研究中心
攝　　影——高政全
全書設計——楊雅屏
主　　編——汪婷婷
責任編輯——施穎芳、王苹儒
執行企劃——汪婷婷

謝沅瑾鼠年生肖運勢大解析：史上最萬用的開運工具書，謝老師親算二〇二〇農民曆、流年流月，一書在案，平安加持、財旺運開！/ 謝沅瑾作. -- 初版.
-- 臺北市：時報文化，2019.11
　面；　公分
ISBN 978-957-13-7993-7(平裝)

1. 改運法 2. 命書

295.7　　108016904

總 編 輯——周湘琦
董 事 長——趙政岷
出 版 者——時報文化出版企業股份有限公司
10803 台北市和平西路三段二四〇號二樓
發行專線（02）2306-6842
讀者服務專線　0800-231-705、（02）2304-7103
讀者服務傳真（02）2304-6858
郵撥　1934-4724 時報文化出版公司
信箱　10899 臺北華江橋郵局第 99 信箱
時報悅讀網— http://www.readingtimes.com.tw
電子郵件信箱— books@readingtimes.com.tw
時報出版風格線臉書— https://www.facebook.com/bookstyle2014
法律顧問——理律法律事務所　陳長文律師、李念祖律師
印　　刷——詠豐印刷股份有限公司
初版一刷—— 2019 年 11 月 1 日
初版四刷—— 2020 年 1 月 20 日
定　　價——新台幣 399 元

服裝提供　九段之坊

時報文化出版公司成立於一九七五年，
並於一九九九年股票上櫃公開發行，於二〇〇八年脫離中時集團非屬旺中，
以「尊重智慧與創意的文化事業」為信念。
（缺頁或破損的書，請寄回更換）

謝沅瑾老師親自開光加持

五帝錢福祿五行掛飾

五帝錢福祿五行掛飾，分別由代表風水的金、木、水、火、土五行元素的五種色線所組成；所謂<五帝錢>指的是清朝盛世：順治、康熙、雍正、乾隆、嘉慶，這五個最強盛的皇帝管轄時代所鑄製的銅錢。國運強盛時代所鑄的錢幣，得天、地、人三才之氣加上五帝盛世之氣，故具有旺財、鎮宅、化煞、防小人、提升運勢……等諸多功能。而中間的葫蘆則是象徵福祿，具有收納福祿財運之功用，透過神明前祈福護佑及謝沅瑾老師親自開光、加持，具有很強的開運效果。

開運招財納福的使用方法

- 將掛飾直接放在收銀機／皮包內，或左邊的抽屜（青龍位），聚財納氣、增加收入。
- 懸掛於家中／店面或公司財位，主財源廣進。
- 隨身攜帶於皮包內，遠小人，助偏財運。

化煞避邪方法

- 大門正對樓梯：
  住家大門或臥房對著向下樓梯，「財水外漏」容易破財，錢財留不住。
- 樓梯向上：
  「牽牛煞」賺錢辛苦，壓力大。
  化解：在門口擺上紅地毯壓著五帝錢。
- 大門對電梯口：
  財來財去，容易發生血光、意外，不利家運。
  化解：在家門口掛上乾坤太極圖配上「五帝錢福祿五行掛飾」的即可。